本书得到:

河北省高等学校人文社会科学研究项目"京津冀城市群绿色金融、产业结构对包容性经济增长影响及时空演进"(SD2022044)的资助。

包容性增长的统计测度及影响因素研究

BAORONGXING ZENGZHANG DE TONGJI CEDU
JI YINGXIANG YINSU YANJIU

杨念 王栋宇 刘霞◎著

中国财经出版传媒集团

经济科学出版社
Economic Science Press

·北京·

图书在版编目（CIP）数据

包容性增长的统计测度及影响因素研究／杨念，王栋宇，刘霞著． -- 北京：经济科学出版社，2025．2.
ISBN 978 - 7 - 5218 - 6773 - 2

Ⅰ．F299.272

中国国家版本馆 CIP 数据核字第 2025AT1814 号

责任编辑：汪武静
责任校对：王肖楠
责任印制：邱　天

包容性增长的统计测度及影响因素研究

BAORONGXING ZENGZHANG DE TONGJI CEDU JI YINGXIANG YINSU YANJIU

杨念　王栋宇　刘霞　著

经济科学出版社出版、发行　新华书店经销

社址：北京市海淀区阜成路甲 28 号　邮编：100142

总编部电话：010 - 88191217　发行部电话：010 - 88191522

网址：www. esp. com. cn

电子邮箱：esp@ esp. com. cn

天猫网店：经济科学出版社旗舰店

网址：http：//jjkxcbs. tmall. com

固安华明印业有限公司印装

710×1000　16 开　13.25 印张　200000 字

2025 年 2 月第 1 版　2025 年 2 月第 1 次印刷

ISBN 978 - 7 - 5218 - 6773 - 2　定价：68.00 元

（图书出现印装问题，本社负责调换。电话：010 - 88191545）

（版权所有　侵权必究　打击盗版　举报热线：010 - 88191661

QQ：2242791300　营销中心电话：010 - 88191537

电子邮箱：dbts@ esp. com. cn）

改革开放 40 多年以来，中国社会飞速发展，经济总量大幅上涨，国际地位和影响力也得到极大提升，但过去传统的、粗放式的发展模式在极大提高发展速度的同时也造成了许多不良后果，资源被过度消耗，生态环境遭到污染，亟须转变发展方式、转换增长动力，以及优化经济结构。经济发展必须由粗放的、追求速度的增长向绿色的、可持续的、公平的、追求高质量的增长转变。

亚洲开发银行（ADB）在 2007 年发布的《亚洲发展展望》报告中首次正式提出"包容性增长"（inclusive growth）的理念。这一概念的提出背景与亚洲地区经济快速增长中日益凸显的不平等问题密切相关，旨在强调经济增长应惠及所有社会群体，尤其是弱势和边缘化人群。蔡荣鑫（2009）认为包容性增长的理念是基于人民群众不断深化对贫困认知的必然产物，包容性增长有利于机会平等和普惠发展，于敏和王小林（2012）倡导将其不断上升至"国家战略"的高度。目前，全球面临严重的环境、社会和经济问题，各国经济发展的过程中造成的气候变化、空气污染、水资源短缺等环境问题日益严重，已经给人类社会和经济发展带来了巨大的挑战。越来越多的投资者在进行投资决策时，开始关注企业在环境、社会和治理（ESG）方面的表现，将 ESG 因素纳入考量范围。党的二十大报告中强调，必须"增进民生福祉""扎实推进共同富裕"，要确保"促进机会公平，增加低收入者收入"。我国目前区域和城乡间基础设施以及基本服务存在较大差异，在就业、医疗、教育以及养老等资源配置方面发展不平衡、不充分的现实情况亟待改善，包容性增长理念为解决我国社会主要矛盾和实现共同富裕提供了理论参考和现实依据。

吴晓亮（2016）研究发现，将绿色经济与生态环境联系起来，可以改变我国传统的粗放式经济发展模式。绿色金融在资源配置中发挥着重要作用，对于促进经济增长、改善生态环境以及促进可持续发展有着重要的影响（Soundarrajan and Vivek，2016）。2020 年，习近平总书记提出了"双碳"目标。"双碳"目标的达成需要国家积极进行经济发展升级，促进传统产业发展向环保低碳方式转变，改善自然资源开发利用方式，减少能源消耗和降低碳排放量，减少污染物的释放，引导企业加大研发（R&D）投入，以及促进技术的进步，以此来增强各行各业的竞争力，为社会创造更多的就业机遇。绿色金融作为传统金融的扩展，以绿色信贷、绿色保险、绿色证券、绿色产业基金以及其他金融衍生工具为手段（肖春梅和马海碧，2023），能够引导资金流向绿色环保产业（苏任刚等，2019），能够在一定程度上推动社会公平（韩景旺和李瑞晶，2023），促进产业结构转型升级，而产业结构的变化可以带来一定的就业增长，有助于低收入者平等参与就业并提高收入水平（张弘，2021），缓解城乡收入不平等。

当前，中国经济在发展过程中仍面临一系列严峻挑战：区域发展不平衡问题突出，经济增长质量与效益有待提升，收入分配差距呈持续扩大态势，部分资源的枯竭态势不断加剧，生态环境面临着持续恶化的压力。这些问题本质上反映出我国现行增长模式在包容性和绿色化方面的不足。换言之，经济尚未充分实现包容性增长，同时，绿色发展理念在经济发展中的实践仍有待加强。包容性经济增长，旨在确保广大民众能够平等地参与到经济发展进程中，并公平地分享到发展所带来的成果。这种模式追求的是一种兼顾公平、公正及可持续性的经济增长，其核心目标在于消除贫困、缩小社会差距、提升人民生活质量，从而促进社会和谐与稳定。在2022年12月举办的第四届外滩金融峰会上，各界人士达成共识，认为推动绿色低碳发展乃是实现包容性增长与可持续发展的必由之路。如今，绿色已鲜明地成为我国经济高质量发展的重要标识，"双碳"目标的提出与稳健推进，势必将引发传统产业全方位、深层次的革新转型。国家统计局数据表明，近十年来，我国经济在保持年均约6.6%的GDP增速的同时，能耗年均增速仅为3%，显示出能源利用效率显著提升。其间，能耗强度累计降幅超过26%，意味着单位能源消耗所对应的经济产出大幅提升。此外，主要资源产出率提高了58%，显示资源利用效率显著改善；单位GDP二氧化碳排放量则下降了34.4%，直观反映出我国在减排方面取得的实质性进展。这些数据共同见证了我国在追求经济高质量发展道路上，对绿色低碳转型的坚定承诺与实际成效。2023年10月的中央金融工作会议强调金融需为社会经济进步提供优质服务。其中，绿色金融的发展不仅引导资本流向环保产业，还可以推动企业革新升级与技术创新，对达成碳达峰与碳中和目标形成助力，进而可以推动可持续发展。此外，通过拓宽金融服务领域，促进机会公平、缓解贫困问题，并提升金融体系的稳健性，可以为经济的包容性增长注入强大动力。

京津冀城市群是中国国家发展规划中的重要战略区域，由北京、天津和河北省多个城市以及河南省安阳市组成，位于中国交通枢纽地带，拥有发达的铁路、公路、航空和海运网络，城市间联系和物流运输十分便利，产业结构多元化，大量政府机构、企业总部和金融机构入驻，是我国的政治经济中心。但随着工业化和城市化进程较快，环境污染和资源消耗等问题日益突出，同时大量外来人口和劳动力的进入，也对城市规划和基础设施建设提出了巨大挑战，经济如何包容性增长成为亟待解决的问题。

综上所述，推动绿色金融和包容性经济增长已经成为全球范围内的共识和需求，京津冀城市群具有政治经济中心、交通枢纽、产业协同发展、环境保护挑战和人口流动城市规划等特殊性，需要进一步加强协同发展和可持续发展。厘清京津冀城市群绿色金融对包容性经济增长的影响机理以及作用机制，不仅有助于学术层面拓展相关研究，还可以为我国相关部门提供决策依据与政策参考，具有一定的理论意义和现实意义。

本书由杨念、王栋宇、刘霞主笔，毕业生王达、姚子龙、康卜方、在校生张馨幻、徐雯、李冰、周林、景子怡、张向晴、王佳鑫、吴越、于水涵、张阳、陈光明、孙田甜也参与了相关资料的收集和整理工作，在此表示感谢。

目录

第1章

绪 论

1.1 研究背景

　　近年来，我国经济社会发展进入新阶段，绿色高效发展已成为我国经济的重要方向，推动高质量发展成为做好新时代经济工作的根本要求。高质量发展在兼顾经济社会效益包容性和生态环境绿色化协同发展的同时，强调微观上要通过提高全要素效率来实现。目前，全球面临严重的环境、社会和经济问题，各国经济发展的过程中造成的气候变化、空气污染、水资源短缺等环境问题日益严重，已经给人类社会和经济发展带来了巨大的挑战。越来越多的投资者在进行投资决策时，开始关注企业在环境、社会和治理方面的表现。党的二十大报告中强调，必须"增进民生福祉""扎实推进共同富裕"，要确保"促进机会公平，增加低收入者收入"。我国目前区域和城乡间基础设施以及基本服务存在较大差异，在就业、医疗、教育以及养老等资源配置方面发展不平衡、不充分的现实情况亟待改善，包容性增长理念为解决我国社会主要矛盾和实现共同富裕提供了理论参考和现实依据。

2020 年，习近平总书记提出了"双碳"目标。① "双碳"目标的达成需要国家积极进行经济发展升级，促进传统产业发展向环保低碳方式转变，改善自然资源开发利用方式，减少能源消耗和降低碳排放量，减少污染物的释放，引导企业加大 R&D 投入，以及促进技术的进步，以此来增强各行各业的竞争力，为社会创造更多的就业机遇。当前，我国经济在发展过程中仍面临一系列严峻挑战：区域发展不平衡问题突出，经济增长质量与效益有待提升，收入分配差距呈持续扩大态势，部分资源的枯竭态势不断加剧，生态环境面临着持续恶化的压力。这些问题本质上反映出我国现行增长模式在包容性和绿色化方面的不足。换言之，经济尚未充分实现包容性增长，同时，绿色发展理念在经济发展中的实践仍有待加强。2007 年，"包容性增长"的理念首次被亚洲开发银行提出。包容性经济增长，旨在确保广大民众能够平等地参与经济发展进程中，并公平地分享发展所带来的成果。这种模式追求的是一种兼顾公平、公正及可持续性的经济增长，其核心目标在于消除贫困、缩小社会差距、提升人民生活质量，从而促进社会和谐与稳定。在 2022 年 12 月举办的第四届外滩金融峰会上，各界人士达成共识，认为推动绿色低碳发展乃是实现包容性增长与可持续发展的必由之路。金融作为经济增长的有效促进因素，能够使市场充分发挥其在资源配置中的决定性作用，为中国的经济增长保驾护航。但由于市场自身的缺陷性，金融资产往往会流向短期内高收益的产业，忽略了短期内低收益、长期内高收益的产业。而绿色金融能够很好地弥补传统金融的缺陷，通过促进技术创新、产业结构升级等手段，使经济实现绿色转型，在促进经济实现高质量发展的同时，保障人民的生活得到改善。

京津冀城市群是我国国家发展规划中的重要战略区域，由北京、天津和河北省多个城市以及河南省安阳市组成，位于我国交通枢纽地带，拥有发达

---

① 2020 年 9 月 22 日，习近平在第七十五届联合国大会一般性辩论上的讲话提出，应对气候变化《巴黎协定》代表了全球绿色低碳转型的大方向，是保护地球家园需要采取的最低限度行动，各国必须迈出决定性步伐。中国将提高国家自主贡献力度，采取更加有力的政策和措施，二氧化碳排放力争于 2030 年前达到峰值，努力争取 2060 年前实现碳中和。

的铁路、公路、航空和海运网络，城市间联系和物流运输十分便利，产业结构多元化，大量政府机构、企业总部和金融机构入驻，是我国的政治经济中心。但随着工业化和城市化进程较快，环境污染和资源消耗等问题日益突出，同时大量外来人口和劳动力的进入，也对城市规划和基础设施建设提出了巨大挑战，经济如何包容性增长成为亟待解决的问题。党的十九大报告强调，深入实施区域协调发展战略，以疏解北京非首都功能为"牛鼻子"，推动京津冀协同发展，高起点、高标准建设雄安新区。然而，京津冀地区在经济飞速发展的同时，也带来了环境污染和发展不平衡问题。随着京津冀地区贯彻国家高质量发展战略，落实六大高耗能产业的去产能任务，重工业发展受到一定冲击，发展进入了阵痛期。在时代背景下，京津冀地区从单方面追求经济发展转向高质量的多层次发展，更加注重绿色产业、社会环境治理、区域协调的整体性包容性绿色增长，如何使京津冀地区经济运行更具有可持续性，拥有长足的动力支持，成为目前迫切需要解决的发展难题。

因此，本书旨在从微观层面和宏观层面对包容性增长以及包容性绿色增长绩效进行统计测度，从影响机理、传导路径和区域异质性三个层面系统探寻京津冀地区绿色金融发展在产业结构升级的中介作用下对包容性增长的影响，以我国绿色金融试点政策为虚拟变量，运用双重机器模型来研究绿色金融试点城市对城市包容性绿色增长的影响效应，并对包容性绿色增长绩效影响因素进行分析。同时，从时间和空间两个维度着手分析，为相关部门从绿色金融、产业结构升级等方面推动包容性增长，提供决策依据与政策参考。

1.2

研究目标与意义

1.2.1　研究目标

本书拟通过对数据进行广泛、详细收集和系统统计分析，对京津冀地区包容性增长进行统计测度，并剖析其影响因素，完成以下研究目标：

（1）在研究的可行性和技术的实用性中寻求最佳平衡点，构建包容性增长、包容性绿色增长绩效评价指标体系。

（2）综合运用主成分分析法（prical component analysis，PCA）和结构方程等多种方法从宏观和微观两个角度测度京津冀地区包容性增长水平，了解其时空演变特征。

（3）运用数据包络分析结合全局马尔姆奎斯特—卢恩伯杰生产率指数（global malmquist-luenberger productivity index，GML），对京津冀地区从时序方面、空间方面测算包容性绿色增长绩效水平，了解地区间的发展趋势与集聚情况。

（4）通过地理探测器的方法探究京津冀地区区域间和地区内包容性绿色增长绩效差距的影响因素，综合地区间的趋势与集聚情况以及影响因素。

（5）探寻京津冀地区绿色金融发展在产业结构升级的中介作用下对包容性增长的影响，以便于提出具有针对性、有效性的绿色金融发展、包容性增长措施。

（6）基于我国高质量发展的战略背景，研判智慧城市这一政策效果是否显著实现试点城市的包容性增长，剖析其作用机理，并分析在不同的发展领域，智慧城市的创新激励效应是否存在异质性。

（7）以我国绿色金融试点政策为虚拟变量，利用2011～2021年286个中国城市的面板数据，运用双重机器模型来研究绿色金融试点城市对城市包容性绿色增长的影响效应。

1.2.2　研究意义

1. 理论意义

经济发展不仅是经济水平的增长，也涉及人民生活水平的提高和经济发展带来的科技创新。因此，考虑到发展过程中不断出现的各种矛盾，国家应调整经济发展和经济增长的方式，从推动原有的要素依赖型增长转向现代的高质量发展，更加注重包容性发展和绿色增长。本书探讨了包容性增长以及包容性绿色增长绩效的内涵，从环保专利、能源使用量、收入水平、获得基础设施机会、环境污染、两性不平等、社会福利、教育、预期寿命等十个方面构建包容性增长评价指标体系，并以资本投入、人力投入和能源投入作为投入指标，经济效益和社会效益作为期望产出，环境污染作为非期望产出，构建了衡量包容性绿色增长绩效的指标体系，运用主成分分析和数据包络模型对京津冀地区包容性增长和包容性绿色增长绩效进行了评价，该研究不仅从不同角度诠释了"包容性绿色增长绩效的概念"，而且丰富了学术界对京津冀城市群的相关研究，具有重要的理论意义。同时，从影响机理、区域异质性、作用机制和三个层面系统分析京津冀城市群绿色金融发展对包容性经济增长的影响，构建较为完整的理论框架。以此为基础，通过构建面板模型实证检验京津冀城市群绿色金融发展对包容性经济增长的影响以及基于产业结构升级的中介效应和调节效应，并分析智慧城市试点政策和绿色金融政策对包容性增长的影响。本书丰富了现有研究成果和绿色金融理论研究内容，为相关政策制定和实践提供了理论支持。

2. 现实意义

京津冀地区位置特殊，经济、环境和社会等方面发展水平具有差异性，因此政府在制定相关具体政策规划时，应该首要考虑因地制宜的可行性和科学性。本书对于包容性绿色增长绩效测度，不仅有助于促进京津冀地区的可持续发展、优化资源配置、推动区域协调发展、改善环境质量以及促进知识共享与合作，还为中国政府评估包容性区域绿色增长提供了一种可行的方法，其实证结果可为京津冀地区城市群或城市制定更具有针对性的发展战略提供依据。同时，本书深入探讨了绿色金融对包容性经济增长的促进作用，并分析了产业结构升级在其中的中介作用，为相关政策制定提供了切实可行的建议。此外，本书的研究成果还为相关部门提供了决策依据与政策参考，有助于相关决策部门从宏观层面制定总体政策框架，拓宽金融机构的业务边界，并启迪其创新发展路径。通过对绿色金融体系构建、产业结构绿色转型以及包容性经济增长潜力激活的深入分析，为相关领域的实践提供了理论支持，具有重要的学术价值和现实意义。

1.3 研究内容与方法

1.3.1 研究内容

本书的核心内容是基于京津冀城市群的范围内，对包容性增长进行统计测度，并分析包容性增长的影响因素，促进产业结构生态化发展，激发包容性经济新的增长点，以下是本书的具体研究内容：

第1章，绪论。通过梳理相关理论和广大学者现有的研究成果，收集整理有关政策规定，为本书选取典型切入点和突破点，构造写作思路，搭建理论框架。主要围绕研究背景、研究目标与意义、研究内容与方法、研究思路、研究贡献与创新五部分内容展开论述。

第2章，理论基础及国内外研究进展。首先，对本书所涉及的理论基础进行了归纳整理，主要包括绿色金融理论、经济增长理论、可持续发展理论和包容性增长理论；其次，围绕研究主题对国内外研究现状进行了系统梳理，梳理了包容性增长内涵、包容性增长统计测度、包容性增长影响因素的国内外相关文献，重点梳理绿色金融与包容性经济增长之间的关系、绿色金融与产业结构升级之间的关系、产业结构升级与包容性经济增长之间的关系三个方面的相关文献，并进行评述。

第3章，包容性增长的指标体系构建及统计测度。遵循系统性、典型性、动态性、科学性等原则，一方面充分剖析相关概念内涵，另一方面借鉴前人研究成果、结合京津冀城市群发展状况，从环保专利、能源使用量、收入水平、获得基础设施机会、环境污染保护区、两性不平等、社会福利、教育、预期寿命等10个二级指标包含专利申请授权数、分地区电力消费量、全年供气总量、天然气供气总量、天然气用气人口、天然气用气户数、全年供水总量、供水总量、分地区居民人均可支配收入、城市排水管道长度、城市天然气管道长度、年末供水管道长度、年末实有道路长度、城市桥梁、城市道路照明、城市用水普及率、城市燃气普及率、基础设施建设投资总额——燃气、基础设施建设投资总额、日均污水处理能力——污水处理厂、城市污水处理率、清扫保洁面积、生活垃圾清运量、工业废气中氮氧化物排放量、建成绿化覆盖率、绿地面积、人口性别比、卫生、社会保障和社会福利业从业人员数、人均教师数、人均学校数、人口出生率、人口死亡率等32个三级指标，构建了京津冀城市群包容性增长指标体系，并对指标体系进行检验，采用主成分分析方法对京津冀城市群包容性增长进行统计测度。

第4章，基于微观视角的包容性增长的统计测度。依托中国社科院重大经济调查项目《中国经济形势与包容性绿色增长问题跟踪调查》在河北省开展调查，以河北省11个地级市中年龄段在21～40岁、41～55岁、56～70岁的居民作为调查对象，并对其依据第一产业、第二产业、第三产业进行划分，以市为单位分配问卷数额。结合描述性统计分析、结构方程建模分析等方法构建包容性增长模型，研究河北省包容性增长下六个微观层面之间的相关关系，从微观层面探讨河北省包容性增长中存在的问题。

第5章，绿色金融赋能包容性增长的统计测度。绿色金融是包容性增长的重要影响因素，本书为厘清绿色金融与包容性增长之间的关系，首先，构建京津冀城市群绿色金融发展评价指标体系，采用主成分分析法测算绿色金融发展水平，从时间维度上，测度包容性增长、绿色金融和产业结构之间的相关性以及是否存在滞后性；从空间维度上，研判三者的提升是否存在拓展趋势。其次，研究产业结构升级的中介效应和调节效应，拟构建"绿色金融发展→产业结构升级→包容性增长"的传导路径。在检验绿色金融发展是否会促进产业结构升级的基础上，将产业结构升级作为中介、调节变量分别构建中介、调节效应模型，测算京津冀城市群产业结构升级在绿色金融促进包容性增长过程中的中介作用以及产业结构升级是否能充分发挥应有的经济宏观调节作用。

第 6 章，绿色金融发展影响包容性增长的空间溢出效应。基于空间计量模型，首先，构建经济权重矩阵，采用莫兰（Moran's I）指数检验包容性增长的空间相关性。其次，通过三种空间计量模型进行空间面板回归，选择拟合效果最好的回归模型，随后实证检验绿色金融发展、产业结构升级是否有助于推动邻近地区实现包容性增长，即绿色金融发展与产业结构升级是否对包容性增长是否具有空间溢出效应，同时对本地区包容性增长能否产生正向反馈效应，进一步形成良性循环机制。

第 7 章，包容性绿色增长绩效评价指标体系构建及统计测度。首先，遵循全面性、科学性、可操作性、协调性、可持续性和政策导向性等原则，参考以往学者用于评价包容性绿色增长绩效的高频指标，以资本投入、人力投入和能源投入作为投入指标，经济效益和社会效益作为期望产出，环境污染作为非期望产出，构建京津冀地区包容性绿色增长绩效测度指标体系；其次，运用超效率基于艾普西隆测度模型（Super Efficiency Epsilon – Based Measure，Super-EBM）结合 GML 指数测算京津冀地区包容性绿色增长，并对京津冀地区整体以及北京、天津、河北城市群包容性绿色发展现状运用图表进行描述并对其做出总结与评价，最后，从时间和空间差距来评价京津冀地区包容性绿色增长绩效差距，运用全局自相关和重心迁移标准差椭圆分析差异的特征。

第8章，包容性绿色增长绩效差异的驱动因素。利用地理探测器，可以从内源性投入、期望及非期望产出三个方面进行评估，包含资本投入、人力投入、能源投入、经济效益、医疗效益、社会效益及环境产出七个指标和基础设施水平、产业结构、金融发展、对外开放、环境规制水平、科技创新六个外源性指标共两个角度分别探查对京津冀地区包容性绿色增长绩效差异的驱动因素，从总体、京津保都市区、冀南都市区、冀东都市区等区域内及区域外对比，得出差异产生的驱动因素，并给出合理建议。

第9章，智慧城市试点政策对包容性增长的影响研究，基于2000～2022年华北地区试点城市层面数据，利用熵值法从多个维度测算了21个地级市的包容性增长水平，采用双重差分模型检验智慧城市试点政策对城市包容性增长的政策冲击影响及传导机制，并探究智慧城市试点政策影响不同资源禀赋、工业发展基础、经济发展程度以及城市定位的异质性表现。研究结果表明：（1）智慧城市试点政策能够有效促进城市包容性增长水平的提升。（2）智慧城市试点政策能够通过促进产业结构升级、提升数字普惠金融发展水平与信息化普及程度、鼓励创新创业行为进一步提高城市包容性增长水准。（3）智慧城市试点政策对于资源型城市包容性增长效应显著高于非资源型城市；对于工业基础设施水平相对高的城市的包容性增长效应更显著；对于非省会与直辖市包容性增长效果显著高于省会城市与直辖市；对于发达程度更低的城市包容性增长效应显著高于发达程度更高的城市。

第10章，绿色金融政策对包容性绿色增长的影响，利用2011～2021年286个中国城市的面板数据，运用双重机器模型来研究绿色金融试点城市对城市包容性绿色增长的影响效应。结果表明：绿色金融试点政策能够促进城市包容性绿色增长，尤其体现在经济增长和福利普惠方面；另外，通过异质性分析，结果显示绿色金融政策对资源优势与城市等级不同的城市产生不同的影响效应。

第 11 章, 对策建议。基于研究结论, 对如何引导各地区绿色金融与产业结构升级的良性互动, 实现京津冀城市群的包容性增长及包容性绿色增长绩效提升提出政策建议。

1.3.2 研究方法

1. 文献研究法

本书通过收集整理绿色金融、产业结构升级、包容性经济增长和包容性绿色增长效率相关的国内外文献, 对其进行系统的梳理, 从而更好地界定四者的概念, 测度包容性增长水平及包容性绿色增长效率, 全面了解绿色金融、产业结构升级和包容性增长之间相互作用的机制和方向。对中介效应模型、调节效应模型及其检验方法的相关文献进行搜集整理, 从文献中总结出现有研究的内容和方法, 为本书研究方法和模型选取提供理论依据。

2. 归纳总结法

本书对国内外研究动态与相关的理论采取归纳总结的方法, 进行系统性的梳理和总结, 重点归纳总结了绿色金融理论、经济发展理论、可持续发展理论、包容性增长理论等相关理论以及包容性增长内涵、包容性增长测度和包容性增长影响因素等相关文献。结合使用熵值法构建绿色金融发展水平统计指标体系, 测算京津冀地区绿色金融发展水平; 使用主成分分析法测算京津冀城市群包容性经济增长水平。

3. 实证研究法

本书在探究京津冀城市群绿色金融发展水平、产业结构升级和包容性经济增长之间的关系时, 以京津冀城市群 2011 ～ 2021 年的相关数据为基础进行研究。首先, 构建绿色金融发展水平和包容性经济增长水平的模型，对二者的关系进行回归分析；其次，构建绿色金融发展水平、产业结构升级和包容性经济增长三者之间的中介效应模型进行实证检验；最后，构建绿色金融发展水平、产业结构升级和包容性经济增长的调节作用模型进行实证检验。

4. 比较分析法

从时空差异、区域内及区域间差距的角度对京津冀地区各城市包容性绿色增长绩效测算结果进行比较。对比内源性七个指标、外源性六个指标得出影响区域内和区域外的驱动因素。

5. 定量分析法

采用熵值法与主成分分析法，测度京津冀城市群绿色金融发展、包容性增长的水平。在描述性统计的基础上，对比京津冀城市群发展的差异，从空间与时间的角度探索绿色金融发展、产业结构升级、包容性增长的时空演进情况。采用面板回归模型实证分析绿色金融发展对包容性增长的影响程度，进而加入产业结构升级作为中介调节变量，分析产业结构升级是否能够更好地使绿色金融发展促进包容性增长。采用 Moran's I 指数检验绿色金融发展、产业结构升级以及包容性增长的空间相关性；采用空间计量模型中的空间误差模型或空间杜宾模型检验绿色金融发展、产业结构升级是否有助于有效推动临近地区实现包容性增长。选用数据包络分析（data envelopment analysis，DEA）结合 GML 指数的方法构建和测度模型，测算京津冀地区包容性绿色增长绩效。采用双重差分模型检验智慧城市试点政策对城市包容性增长的政策冲击影响及传导机制。双重机器模型来研究绿色金融试点城市对城市包容性绿色增长的影响效应。

6. 定性分析法

收集与阅读京津冀城市群绿色金融、产业结构和包容性增长、包容性绿色增长绩效、智慧城市政策相关文献资料，进行系统性整理，收集相关数据，了解相关研究，形成本次研究的基本思路；通过思辨分析，研究测度绿色金融发展、产业结构升级、包容性增长、包容性绿色增长绩效的指标体系构建方法。

1.4 研究思路

第一步，理论研究。通过梳理相关理论，归纳总结包容性增长、包容性绿色增长效率、绿色金融、产业结构升级等基本概念，客观分析绿色金融发展、产业结构升级、智慧城市试点政策、绿色金融政策和包容性增长的作用机理、包容性绿色增长绩效等影响因素；在综述现有研究成果的基础上，结合绿色金融发展、产业结构升级概念内涵、现有的分析范式和京津冀城市群的区域特征构建评价指标体系。

第二步，实证检验。构建相关数据库，引入主成分分析法、空间计量模型、层次回归和混合回归等模型，对包容性增长、绿色金融、产业结构、包容性绿色增长效率等进行统计测度，并实证分析包容性绿色增长绩效的影响因素、绿色金融对包容性增长的影响，以及产业结构升级发挥的中介效应和调节效应，绿色金融对包容性增长的影响和空间溢出效应，智慧城市试点政策以及绿色金融政策对包容性增长的影响。

第三步，政策研究。为加强绿色金融推动包容性增长程度，提高包容性绿色增长绩效，加强产业结构升级的中介和调节作用，对绿色金融、产业结构升级对于包容性增长的研究进行有益补充，为京津冀城市群包容性增长提出合理政策建议。

1.5

研究贡献与创新

（1）在研究视角方面，现有成果多从宏观视角对包容性增长水平进行测算，本书在对包容性增长内涵进行深度剖析的基础上，通过构建包容性增长综合评价指标体系，运用主成分分析法从宏观角度对包容性增长进行统计测度，并依托中国社科院重大经济调查项目《中国经济形势与包容性绿色增长问题跟踪调查》，采用结构方程模型，从六个微观层面对包容性增长进行统计测度。

（2）在研究内容方面，国内外学术界关于绿色金融的研究广泛聚焦其对经济高质量发展的影响，以及绿色金融与产业结构、产业结构升级与包容性增长间的关联性，然而对绿色金融对包容性经济增长的具体影响以及基于产业结构升级的中介效应与调节效应机制的深入探究尚显不足，对包容性绿色增长效率研究较少。绿色金融的发展对包容性经济增长具有重要意义，绿色金融不仅有助于保护环境和提高资源利用效率，也为社会经济的可持续发展提供了新的动力和机会，对经济的包容性增长产生积极影响。验证绿色金融与包容性经济增长之间的关联性，有助于拓展绿色金融和包容性经济增长的理论框架，指导产业结构调整和优化，为相关政策制定和实践提供理论支持。

（3）在研究范围方面，已有文献研究空间范围多为国家或者省域层面，很少涉及城市群，特别是缺少关于京津冀城市群的研究，京津冀城市群是中国经济增长的重要区域，也是环境压力较大的地区，研究京津冀地区的包容性增长水平及其影响因素可以作为中国其他地区的借鉴和参考，也为其他国家和地区推动包容性发展提供有益的经验。

第**2**章

理论基础及国内外研究进展

包容性经济增长，旨在确保广大民众能够平等地参与经济发展进程中，并公平地分享到发展所带来的成果。这种模式追求的是一种兼顾公平、公正及可持续性的经济增长，其核心目标在于消除贫困、缩小社会差距、提升人民生活质量，从而促进社会和谐与稳定。推动绿色低碳发展是实现包容性增长与可持续发展的必由之路。近年来，国内外不少学者从不同角度对包容性增长问题进行了研究，本书在对国内外相关文献进行系统梳理的基础上，主要从包容性增长测度、包容性增长影响因素、包容性增长绩效等几个方面进行阐述。

2.1 理论基础

2.1.1 绿色金融理论

目前学术界对绿色金融的概念尚未形成统一，但在其涵盖范畴上已达成共识。绿色金融主要涉及旨在改善生态环境、优化资源利用以及应对气候变化而采取的经济行为。与传统金融相比，绿色金融更强调金融产业与生态环境和谐共生。此外，绿色金融也被称为"环境金融"或"可持续金融"，体现了其注重环境保护与可持续发展的特性（谢旭升等，2021）。

绿色金融旨在解决生态环境保护的资金问题。张春海等（2018）研究表明，金融杠杆的运用对经济增长质量的提升具有消极影响。王遥（2013）研究发现气候融资对生态文明的建设具有重要影响。郭佳莲（2019）从农村金融的视角切入，发现其在生态文明建设中同样发挥着关键作用。这些研究为我们深入理解绿色金融及其对经济社会发展的影响提供了有益借鉴。

绿色金融作为经济社会发展的核心要素，对推动可持续发展具有深远影响。格雷德尔和艾伦（Graedel and Allen，2004）提出了新观点，从产业与环保产业融合的视角出发，将金融业视为一个特殊的行业，将其置于服务业和环保的研究架构之内，以此来促进经济的可持续。国内学者则结合我国经济发展模式及金融机构自身的发展特点，对绿色金融的发展进行了深入探究，为绿色金融在我国的有效实施提供了理论基础和实践指导。王军华（2000）较早地认识到，金融的健康发展对经济与社会的可持续发展具有积极的推动作用。此后，于永达等（2003）进一步强调，金融发展的正向效应不仅体现在经济层面，更在于其对社会可持续发展的深远影响。纪瑞朴（2009）的研究结果显示，通过加强生态金融的建设，可以推动我国经济由以往的高消耗、高排放、低获得的模式，逐步达到保护环境、节约资源、提升产出的绿色转型。邓常春（2008）与阎庆民（2010）将绿色金融视为低碳经济时代的关键金融创新，对经济社会可持续发展具有不可或缺的作用。此外，王卉彤（2006）从国家制度层面探讨了绿色金融发展之道，主张构建激励性机制，这种机制不仅促进金融创新，还助力绿色循环经济的健康发展，为绿色金融的长远发展提供了有力保障。何建奎等（2006）则从金融投资客户的角度分析了环境表现对盈利能力及偿债风险的影响，发现恶劣的环境会削弱金融投资的收益，强调了绿色金融对金融机构自身可持续发展的重要性。综上所述，金融作为经济社会发展的重要支柱，其绿色化转型对于推动经济社会可持续发展具有至关重要的作用，应继续深化对绿色金融发展的研究，探索更多有效的政策措施，以推动金融与环境保护的深度融合，实现经济社会的绿色、可持续发展。

2.1.2　经济增长理论

人类的生存和发展离不开经济的增长，经济增长也是经济学研究的核心主题。一般情况下，以生产总量的增加来代表经济的增长，而生产总量的度量指标通常为国内生产总值或者人均国内生产总值。经济学家聚焦于经济增长总量，提出了从古典经济增长理论到现代经济增长理论，使得经济总量增长理论框架得以构建。涓滴理论认为，随着经济总量的增长，贫困人群的收入也会随之增加，也即经济总量的增加可以解决贫困问题，然后依据目前各国发展的现实情况来看，并未为之提供佐证。经济总量的增加并无法确保社会公平性，因此社会个体所受到的福利公平性不一，甚至由于分配制度的不完善以及分配差距的加大，反而会导致社会分化的加剧，贫富差距的后果将导致底层群众面临医疗缺失、教育差距以及就业困难等困境。基于以上情况，经济学家进一步提出了提高社会公平性、缩小贫富差距的益贫式增长理论、包容性增长理论等。理论发展的进步性表现在所关注群体的范围更广，不仅关注贫困群众的经济水平，也关注全社会群体的经济情况，同时关注视角更加广阔，除了经济增长的视角，收入分配的视角、分配结果的视角以及参与各项社会福利机会的平等性视角也都纳入考量。王薇等（2015）从四个视角出发，将经济增长分为经济效率、经济稳定性、经济结构、经济持续性四个层次，运用主成分分析法研究增长质量的问题，结果表明经济发展需要全面合理地将各层次间的结构进行完善，进而才能实现经济的高质量增长。

2.1.3　可持续发展理论

20世纪中叶以来，随着全球化和工业化的加剧，环境污染、气候变化、生态系统崩溃等问题日益严重。在这种情况下，学者们开始反思传统的经济增长模式，认识到单纯追求经济增长而忽视环境和社会问题是不可持续的。在20世纪60年代末期，联合国设立了环境规划署。1972年，首届联合国人类环境会议召开，正式引入了可持续发展的理念。随后，1987年，进一步明确了可持续发展的三大基石：经济发展、社会公平以及环境保护，为全球可持续发展提供了指导框架。在此背景下，可持续增长理论逐渐形成并得到广泛关注。可持续增长理论旨在通过实施公平、可持续、共享的发展策略，运用技术创新、资源节约、环境保护等手段促进各方协作，实现高效、多元化的发展，以满足当今社会的发展需求，并确保未来一代人的权益得到保障。

在可持续增长理论中，经济增长强调经济、社会和环境之间的平衡，应该是综合的、全面的、长期稳定的。经济增长不仅指 GDP 的增长，更应该注重社会公平、环境保护和资源利用的合理性。通过推动创新和技术进步，提高资源利用效率，减少环境污染和资源浪费，实现经济的绿色发展。同时，要注重社会公平和包容性发展，确保经济增长惠及所有社会阶层，缩小贫富差距，提高人民生活水平。我国一直致力于推动经济、社会和环境的协调发展，采取了一系列政策和措施。在环境保护方面，实施了大气、水、土壤等多领域的环境治理，加大了环境监测和执法力度，推动了环境保护法律法规的完善。同时，设立了生态文明建设目标，致力于实现绿色发展。在节能减排方面，我国强化了对高耗能、高排放行业的监管与整治，积极促进清洁能源的推广与应用，有效减少了对传统能源的依赖，进而优化了能源结构。在绿色产业方面，鼓励企业采用清洁生产技术，推动绿色产品和绿色服务的发展，促进了产业升级和结构调整。在生态保护方面，采取多种措施推动了生态环境的恢复和保护，提升了生态系统的稳定性和健康性。但同时也面临着一些挑战和问题，如经济增长与环境保护之间的矛盾、资源利用效率不高等，未来仍需要继续加强环境保护和资源管理，推动绿色发展和可持续增长，为实现经济、社会和环境的协调发展作出更大的努力。

总的来说，可持续增长理论是在人类面临环境危机和资源枯竭的情况下诞生的，为人类未来的发展提供了新的思路和方向，也促进了全球范围内的环境保护和可持续发展的进程。

2.1.4　包容性经济增长理论

以经济学视角来看，在国内国际双循环的新发展格局下，发展的均衡性与收入的公平性变得更加重要，这有助于激发消费者的活动，促进长远的发展，而传统的发展方向则无法适应当前的发展趋势。

显然，传统的经济发展模式已经不再满足当前社会的发展需要。党的十九大报告指出，中国的经济社会发展迈入了一个全新的时代，其中的核心矛盾也在改变。随着经济发展从快速增长走向更加稳健的高质量发展，中国也迎来了一个重大挑战，亟须改善发展模式、完善经济体系、提升增长潜能。但是，目前我国依旧面临一系列的挑战，如发展不平衡不充分、效益不高、贫富差距、资源浪费、环境污染严重等问题，究其原因主要是发展过程中对"包容性"的关注程度不够，以及"绿色化"落实的相对缺失。

包容性增长的理念，旨在追求"效率"与"公平"的双重目标。然而，关于包容性增长的具体界限，学术界至今仍存在争议。尽管存在不同观点，但多数研究者普遍认同其涵盖范围，即实现经济的可持续发展、确保发展成果的公平分配、消除贫困以及提升人民的生活水平。2012 年，包容性绿色增长的概念首次提出。这一模式不仅关注各国经济福祉的提升，还强调对全球环境健康的保护，从而构建了一个全球化、包容性且可持续的经济增长框架。2016 年 3 月，包容性绿色增长的发展模式开始被全球化实施。包容性经济增长有利于缩小贫富差距，实现共同富裕，在发展过程中解决发展问题，符合社会主义社会发展规律。经济的包容性增长需要通过改善资源分配，提高劳动者收入，促进透明、公开、正义的经济社会和谐秩序，减少和消除环境中的不平等现象，以此降低经济结果分配方面的不平等，因此，应该努力实现机会均衡，即通过改善资源分配，提高劳动者的收入水平，达到全体人民群众共同致富的结果。中国秉持以人民为中心的发展理念，坚持人与自然和谐共生原则，实施包容性增长战略，旨在保障经济的稳健增长，同时增进社会的包容性和生态环境的优化。这一战略，作为新时代背景下实现经济高质量发展的关键路径与具体展现，显得尤为重要。中国作为世界最大的发展中国家，其经济增长过程中存在的非包容性和非绿色问题尤为显著。雷汉云等（2019）提出，为达成中国式现代化目标，构建全体人民共同富裕的现代化强国，必须重视普惠金融对包容性增长的积极影响。徐阿根（2011）认为，包容性经济增长关键在于经济高质量发展，在政府干预下，实现经济的绿色、健康增长，确保经济发展成果能够广泛、深入地惠及广大民众，实现其发展性、普及性与共享性。

赵可等（2014）指出，科技的不断革新和工作效率的持续提升，对遏制城市用地无序扩张起到了关键作用，进而推动了经济增长质量的提升。孙英杰等（2018）则从地区和全国两个层面进行深入剖析，强调了环境规制在提升中国经济增长质量中的不可或缺的作用。这些研究为揭示经济增长质量提升的新路径提供了参考。郝颖（2014）指出，科学技术对经济高质量增长有着重要的影响。梁勤星（2018）建议四川省政府需要在实现经济增长的同时，妥善保护自然资源，努力达到可持续的发展。陈家付（2011）则提出，推动包容性经济的发展，不仅可以提升社会公平性和正义性，提高国家的整体福祉，还能够推动全体人民的共同富裕。李虹（2011）则指出，绿色金融对包容性经济增长具有积极推动作用，有助于社会经济的持续发展，从而使社会经济得到更大的发展和进步，并最终实现经济发展成果的共享。当前，中国经济正迈向高质量发展阶段，包容性经济增长的终极目标就在于更好地服务人民，推动社会全面进步。综上所述，包容性增长战略不仅是中国经济发展的重要方向，也是实现社会公平、生态和谐的关键路径。通过深化普惠金融、加强环境规制、提升科技水平等多方面的努力，中国正逐步迈向一个更加包容、绿色、高质量的经济发展新时代。

2.2 研究热点分析

2.2.1 Citespace 分析

国内外学者根据不同的社会发展现状和差异将包容性增长分为三大类：其一，包容性增长是机会平等的增长，最先由亚洲发展银行提出，并将其区分为"机会平等"与"结果平等"两种。他们认为是社会成员所在环境不同造成了机会的不平衡，而通过发展经济能够创造发展机会。其二，包容性发展是一切社会成员的发展，关注弱势群体的切身利益，要求社会全体成员能够公平地享受发展成果。其三，包容性发展是普惠式综合协调发展，包括国内和国际两个方面，涵盖经济、社会、文化等各个方面。其在国际上，要求各个国家平等互利、开放共享；在国内层面，是惠及全体人民的普惠式发展。

2.2.2　包容性增长研究热度分析

应用 Citespace 软件，查取中国知网中以"包容性增长"为检索对象的学者论文中关键词部分，有效记录共计约 1000 条。通过对数据进行分词及词频统计，得到关于包容性增长研究热度的词云图如图 2-1 所示，其中，词频最高的 5 个有效词条为："包容性、经济增长、公平、科学发展观、门槛效应"，说明到目前为止，学者对包容性增长的主要研究方向是对包容性这一概念的解读、对包容性在经济增长方面的内涵、社会层面的一些现象以及对我国现有政策做出解读和提供相关政策建议。

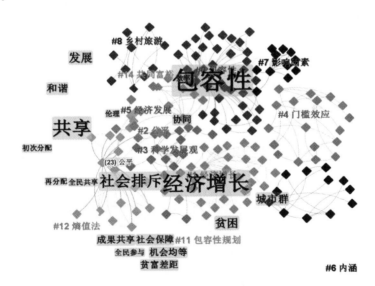

图 2-1　"包容性增长"关键词聚类图谱

资料来源：笔者用 Citespace 软件分析结果整理绘制。

2.2.3　包容性增长阶段概要

图 2-2 显示了对于"包容性增长"领域研究热点的时间演进趋势，

发现"包容性"研究热点贯穿始终，"经济增长""经济发展"研究热点持久度也比较高。

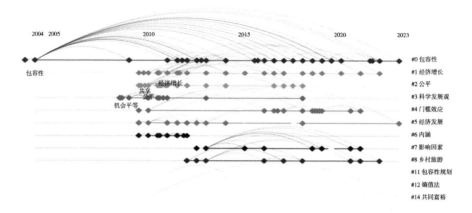

图 2-2 "包容性增长"研究热点时间线图谱

资料来源：笔者用 Citespace 软件分析结果整理绘制。

从图 2-3 中可以看出，关于包容性增长的关键词研究突变中，较早的研究关键词为"机会平等""经济发展"等，如今在该领域的研究关键词更多为"包容性""收入分配""共同富裕"。

关键词	年份	关键词强度	起始时间	结束时间	2004~2023年
机会平等	2009	5.28	2009	2012	
经济发展	2010	3.58	2010	2014	
公平	2010	4.18	2011	2012	
县域经济	2011	3.17	2013	2014	
经济增长	2011	3.3	2016	2018	
区域差异	2017	3.47	2017	2021	
包容性	2004	4.37	2019	2020	
收入分配	2012	3.28	2020	2023	
共同富裕	2021	3.56	2021	2023	

图 2-3 "包容性增长"研究热点关键词突变图谱

资料来源：笔者用 Citespace 软件分析结果整理绘制。

2.3 包容性增长国内外研究现状

2.3.1 包容性增长内涵

经济的包容性增长需要通过改善资源分配，提高劳动者收入，促进透明、公开、正义的经济社会和谐秩序，减少和消除环境中的严重不平等现象，以此降低经济结果分配方面的不平等，因此，应该努力实现机会均衡，即通过改善资源分配，提高劳动者的收入水平，达到全体人民群众共同致富的结果。中国秉持以人民为中心的发展理念，坚持人与自然的和谐共生原则，实施包容性增长战略，旨在保障经济的稳健增长，同时增进社会的包容性和生态环境的优化。这一战略，作为新时代背景下实现经济高质量发展的关键路径与具体展现，显得尤为重要。中国作为世界最大的发展中国家，其经济增长过程中存在的非包容性和非绿色问题尤为显著。

关于包容性增长的具体界限，学术界至今仍存在争议。尽管存在不同观点，但多数研究者普遍认同其涵盖范围，即实现经济的可持续发展、确保发展成果的公平分配、消除贫困以及提升人民的生活水平。本书结合前人研究结果将包容性增长概念概括为以下三种：

第一，不少学者以可持续发展理论为基础，认为包容性增长即为可持续增长，强调既注重经济发展的速度又注重经济发展的质量。徐阿根（2011）认为，包容性经济增长关键在于经济高质量发展，在政府干预下，实现经济的绿色、健康增长，确保经济发展成果能够广泛、深入地惠及广大民众，实现其发展性、普及性与共享性。魏婕和任保平（2011）认为包容性增长可以在长期时间内推动经济稳定、合理、高效，是一种可持续的经济增长方式。宋斌（2013）认为包容性经济增长的中心思想与经济高质量增长是一致的，均强调经济发展的质量。

第二，包容性增长强调发展成果的公平分配。陈家付（2011）提出，推动包容性经济的发展，不仅可以提升社会公平性和正义性、提高国家的整体福祉，还能够推动全体人民的共同富裕。丁格拉（Dhingra，2015）认为，包容性绿色增长强调社会公平，是一种能够让人人享有平等的发展机会的发展模式。查特吉（Chatterjee，2005）提出包容性增长是"机会公平的增长"。麦金利（McKinley，2010）提出包容性经济增长能够促进可持续发展，创造新的发展机会，并确保所有群体能够平等地获取这些机会，从而保障社会各阶层民众能够在经济增长的过程中获益。劳尼亚和坎布尔（Rauniyar and Kanbur，2010）研究强调包容性增长是持续、环境、社会、体制等多个方面的实现公平的状态。斯蒂芬（Stephan，2010）认为包容性增长的内涵是没有歧视和消除排斥的新模式，大众共同参与包容性增长的建设并共同收获经济带来的成果。庄巨忠（2010）认为，包容性增长是一种强调机会均等的经济增长过程，必须确保所有人平等参与增长进程并分享成果。

第三，包容性增长可以消除贫困以及提升人民的生活水平。蔡荣鑫（2009）指出包容性增长应涵盖三大方面，分别是为社会各阶层提供充足的就业机会、社会成员能够平等公平地参与经济发展的进程、确保各阶层群体都能够享受到一定的成果。阿比吉特（Abhijit，2011）也强调包容性增长不仅能使富裕人群享受经济增长红利，贫困人群同样可以享受，包容性增长对贫困人群是有益的。斯林格兰和凯斯勒（Slingerland and Kessler，2015）认为应将可持续发展作为包容性增长的核心思想，包容性增长要注重社会公平，实现包容性增长能够更好地改善社会福利，实现对环境的保护。

2.3.2 包容性增长测度

多数学者从包容性增长的概念出发，对国家、省域、城市群等层面的包容性增长水平进行了测度。例如，阿比吉特（Albagoury，2016）通过构建绿色增长和包容性增长指标体系来共同评价埃塞俄比亚的包容性和绿色增长水平。郑长德（2011）构建了包含经济增长的收入效应、经济增长的社会机会效应、经济增长的环境效应三个维度的包容性绿色发展指标体系。唐纯（2019）在对包容性增长内涵进行研究的基础上，考虑经济增长、机会均等、成果共享三个方面，从17个指标出发，将熵权法等多种方法相结合，对长江经济带地区包容性增长进行了测度。洪扬（2018）则从发展机会公平性、发展过程协同性、发展成果共享性等三个维度来测度中国各城市群包容性增长水平。陈星霖（2018）对中国各省份的包容性增长水平进行了测度，测度结果显示，中国包容性增长存在不均衡性，整体来看，经济发展较好的地区包容性增长水平也较高，东部区地区包容性发展较好。杜志雄等（2010）提出了包容性增长需要涵盖四个方面：经济增长、福利共享、机会公平和权利平等。汝绪华（2011）将包容性增长总结为三个方面，认为包容性增长应该建立在平等、共享和可持续增长的基础上。盛斌和靳晨鑫（2020）认为包容性增长需要涉及"过程参与"和"成果共享"两个方面。在过程参与中强调机遇的公平性，在成果共享中强调各阶层共享成果红利的普惠性。

2.3.3 包容性增长影响因素

国内外学者李虹（2011）指出，绿色金融对包容性经济增长具有积极推动作用，有助于社会经济的持续发展，从而使社会经济得到更大的发展和进步，并最终实现经济发展成果的共享。谭燕芝（2019）发现，金融发展与产业结构升级的互动对包容性增长有积极影响。周韩梅（2021）认为积极引导绿色金融与产业结构升级的良性互动，是推动绿色金融促进区域经济高质量发展的重要路径。张勋等（2019）认为，数字金融有助于促进低物质资本或低社会资本家庭的创业行为，从而促进中国的包容性增长。贝多广和张锐（2017）认为，在包容性增长背景下发展普惠金融应当坚持"政府引导、市场主导"的基本原则。丁道（Dinda，2013）从理论层面构建理论模型进行分析，通过构建理论模型来评价自然资源资本再生和经济增长因素对包容性绿色增长的影响。谭和项（Tan and Xiang，2023）通过应用 GMM 模型研究得出绿色金融对中国所有地区的绿色经济增长有显著正效应，西部地区效应最显著，中部地区其次，东部地区最弱。雷汉云等（2019）提出，为达成中国式现代化目标，构建全体人民共同富裕的现代化强国，必须重视普惠金融对包容性增长的积极影响。赵可等（2014）指出，科技的不断革新和工作效率的持续提升，对遏制城市用地无序扩张起到了关键作用，进而推动了经济增长质量的提升。孙英杰等（2018）则从地区和全国两个层面进行深入剖析，强调了环境规制在提升中国经济增长质量中的不可或缺的作用。这些研究为揭示经济增长质量提升的新路径提供了参考。郝颖（2014）指出，科学技术对经济高质量增长有着重要的影响。梁勤星（2018）建议，四川省政府需要在实现经济增长的同时，妥善保护自然资源，努力达到可持续发展。陈旭东等（2024）指出，数字经济能够对经济包容性增长起到促进作用，其促进作用在发展基础好的地区更加明显。

1. 绿色金融与包容性增长

近年来，我国经济社会发展进入新阶段，绿色高效发展已成为我国经济的重要方向。在此过程中，推动高质量发展成为做好新时代经济工作的根本要求。金融作为经济增长的有效促进因素，能够促进市场充分发挥其在资源配置中的决定性作用，为中国的经济增长保驾护航。但由于市场自身的缺陷性，金融资产往往会流向短期内高收益的产业，忽略了短期内低收益、长期内高收益的产业。而绿色金融能够很好地弥补传统金融的缺陷，通过促进技术创新、产业结构升级等手段，使经济实现绿色转型，在促进经济实现高质量发展的同时，保障人民的生活得到改善。绿色金融在资源配置中发挥着重要作用，对于促进经济增长、改善生态环境以及促进可持续发展有着重要的影响。

越来越多的学者开始研究绿色金融对包容性增长的影响，绿色金融发展是大势所趋。绿色金融代表着商业的可持续健康发展，通过大力发展绿色金融项目实现绿色发展，进而可以促进绿色企业的健康可持续发展（胥爱欢等，2019）。彭珊（2019）为研究我国当前绿色金融发展态势，将绿色金融功能细化为资金融通、资源配置、储蓄投资转化与风险管理四大方面。其中，资金融通功能尤为凸显，成为推动绿色金融发展的关键工具。陈游（2018）通过研究发现我国经济发展模式正逐步向绿色发展转变，产业发展方向也渐趋绿色化。然而，我国绿色金融发展体系仍有待健全，未来的发展规划需从政策、科技、产品及金融组织等多个层面进行创新（綦建红等，2019；曹倩，2019），通过这些创新举措，可以更好地推动绿色金融的发展，助力我国经济的绿色转型。张宇等（2017）在梳理已有文献的基础上，将当前关于绿色金融发展的研究梳理为四大核心脉络。首先，界定绿色金融的内涵并探讨其发展的必要性；其次，构建评价体系对绿色金融发展进行量化分析；再次，深入剖析金融发展对不同微观市场主体的具体影响；最后，审视金融与经济可持续发展的紧密关系，并对金融的发展前景进行展望。此外，众多国内学者亦利用面板数据对金融相关领域进行实证分析。除此之外，众多国内学者亦利用面板数据对金融相关领域进行实证分析。这些研究不仅丰富了金融理论，也为政策制定提供了重要参考。董晓红（2018）则同样对各省面板数据进行分析，研究发现我国绿色金融与绿色经济发展具有高度协调耦合的状态。张云（2015）研究发现绿色金融可以促进经济增长的质量。刘娜（2015）认为已有基于绿色金融的区域性研究，通常围绕东部、中部以及西部的差异性展开研究，对于整体的空间特征研究却较少。刘莹（2019）对山东省内各地市间的绿色金融发展状况展开研究，运用层次分析法研究发现山东省各地市之间绿色金融发展存在差异，各具特点。格拉德尔等（Graedel et al.，2004）提出了新观点，从产业与环保融合的视角出发，将金融业视为一个特殊的行业，将其置于服务业和环保产业的研究架构之内，以此来促进经济的可持续。国内学者则结合我国经济发展模式及金融机构自身的发展特点，对绿色金融的发展进行了深入探究，为绿色金融在我国的有效实施提供了理论基础和实践指导。王军华（2000）等较早地认识到，金融的健康发展对经济与社会的可持续发展具有积极的推动作用。此后，于永达等（2003）进一步强调，金融发展的正向效应不仅体现在经济层面，更在于其对社会可持续发展的深远影响。纪瑞朴（2009）的研究结果显示，通过加强生态金融的建设，可以推动我国经济由以往的高消耗、高排放、低获得的模式，逐步达到保护环境、节约资源、提升产出的绿色转型。邓常春（2008）与阎庆民（2010）将绿色金融视为低碳经济时代的关键金融创新，指出其对经济社会可持续发展具有不可或缺的作用。此外，王卉彤（2006）从国家制度层面探讨了绿色金融发展之道，主张构建激励性机制，指出这种机制不仅能够促进金融创新，还能够助力绿色循环经济的健康发展，从而能够为绿色金融的长远发展提供有力保障。何建奎等（2006）则从金融投资客户的角度分析了环境表现对盈利能力及偿债风险的影响，发现了恶劣的环境会削弱金融投资的收益，强调了绿色金融对金融机构自身可持续发展的重要性。综上所述，金融作为经济社会发展的重要支柱，其绿色化转型对于推动经济社会可持续发展具有至关重要的作用。

　　经济发展，特别是重工业的扩张，已引发严重的生态环境问题。尽管短期内环境改善可能对经济发展产生一定影响，但绿色金融作为一种市场化的机制，能够引导资本流向可持续发展和低碳经济。这样可以减少对高污染、高碳排放行业的投资，从而调和了经济发展与环境改善之间的紧张关系。随着世界经济逐步向包容和开放式发展转变，对包容性经济增长的研究日益受到关注。经济的包容性增长超越了传统对经济增长的单一追求，更加强调每个人享有机会的平等以及增长成果的公平分享。在国内层面，主要体现在：首先，促进参与机会平等以及共享结果均等，确保每个人都能公平地分享发展成果。其次，学者们致力于缩小贫富差距和非收入差距（Chatterjee，2005），消除社会排斥，实现更公平的分配（李刚，2011）的相关研究。此外，坚持可持续发展的原则，充分考虑资源要素和生态环境的约束（Ali，2007）。最后，追求权力和规则的平等。在国际层面，包容性经济增长强调构建开放型世界经济，推动包容性的经济全球化。同时，坚持合作共赢理念，积极践行包容性增长，共同推动全球经济的和谐稳定发展（Grosse，2008）。

2. 产业结构升级与包容性经济增长

在包容性经济发展的路径方面，江鑫等（2020）的研究表明，通过加强乡村道路的修复，可以大幅提升农村的可持续发展能力，促进其经济增长，并且可能缩小地区之间的经济效率和财富的不平衡。此外，潘雅茹等（2020）的研究表明，基础设施的投入也能够为推动可持续的包容性经济的发展提供强大的支持。周韩梅等（2021）认为，金融与产业结构升级的良性互动，是推动区域经济高质量发展的关键因素。崔海洋等（2022）则从区域和城乡协调的视角出发，研究发现数字金融在提升第三产业占比、优化产业结构方面具有显著作用，进而促进包容性经济增长，且在中西部地区的效应更为显著。

关于产业结构升级对包容性增长的推动作用，研究主要聚焦于以下几点：第一，通过促进经济增长，产业结构升级有效扩大就业和内需，为经济发展注入新动力（陈红蕾等，2014）。第二，这一进程有助于提升收入水平，缩小区域贫富差距，进而改善民众生活质量（Klasen，2008）。第三，产业结构升级践行绿色发展理念，注重生态环境保护与资源高效循环利用，推动可持续发展（亚洲开发银行，2008）。第四，通过优化资源配置，提升人力资本素质，产业结构升级还能增强科技创新对经济增长的贡献（Ali et al.，2007）。第五，完善基础设施建设，强化社会保障体系，为经济稳定增长提供有力支撑（McKinley，2010）。第六，以产业结构升级拉动贸易和税收增长，提振国内经济，同时推动企业"走出去"，积极融入经济全球化进程（Higgins et al.，2010；Zhuang，2008）。

3. 绿色金融与产业结构升级

金融发展可以通过引导资金的流量与走向，决定经济结构转型和实体经济的发展（罗超平等，2016）。吕铁等（1999）认为产业结构升级是转变经济发展方式的必经之路。绿色金融的发展对于产业结构升级具有显著推动作用。具体而言，金融机构通过实施差别化信贷政策，对高污染、高能耗工业项目实行高利率和信贷限制，而对绿色工业项目则提供低利率、信贷优先等支持。这一做法不仅增加了高污染、高能耗项目的融资成本与难度，同时也降低了绿色工业项目的融资门槛，从而优化了金融资源的配置。这样的信贷政策导向，有效促进了产业结构向更加绿色、高效的方向转型，提升了整体经济结构的优化水平（苏冬蔚等，2018；Wang et al.，2021；Zhou et al.，2021）。李滟等（2023）基于我国31个省份的面板数据，实证检验证明绿色金融的发展可以显著促进产业结构转型升级。绿色金融的蓬勃发展，对于企业绿色转型起到了积极的推动作用。通过引导资金流向资源节约型和环保型工业项目，金融资源得到了更高效的配置。在这一过程中，高污染、高耗能企业为获取信贷支持，不得不加快对传统技术的改造升级，转向绿色生产方式，进而促进了产业结构的优化。反过来，产业结构的升级也对绿色金融促进经济包容性增长起到了积极的反哺作用（李成刚，2023）。研究显示，技术创新与产业结构升级在推动绿色金融助力经济高质量发展中占据关键地位，这两大要素共同助力，为经济持续健康发展提供强大动力（孟维福等，2023）。

4. 绿色金融、产业结构升级与包容性经济增长

绿色金融作为传统金融的延伸，有效引导资金流向绿色环保产业，

推动产业结构向高级化、绿色化转型升级，进而实现经济的可持续发展。金融发展与产业结构升级的互动对包容性经济增长具有积极效应。此外，绿色金融政策的实施能够提升企业技术水平，优化产业结构，为经济的可持续发展提供有力支撑（丁攀等，2021）。因此，通过加强绿色金融创新和政策引导，我们可以进一步推动产业结构优化升级，实现经济的高质量发展。李唐蓉（2023）深入研究了绿色金融对经济高质量发展的促进作用。此外，部分研究聚焦于普惠金融或数字普惠金融对包容性增长的影响，揭示了数字普惠金融对包容性增长的显著推动效应（叶文辉等，2023）。在现有文献中，绿色金融对经济高质量发展的影响受到了广泛关注，然而关于绿色金融对包容性增长的影响的研究仍显不足。

在研究方法上，学者们采用了多种模型来探讨这一问题。例如，魏丽莉等（2019）运用动态耦合协调度模型进行分析；刘霞等（2019）则采用固定效应模型进行研究；顾剑华（2021）则通过空间杜宾模型进行探讨。刘占芳等（2024）利用中介效应模型和空间杜宾模型，进一步揭示了绿色金融通过促进绿色技术创新和推动产业结构优化两条路径，间接推动包容性增长的作用机制。结果显示，在东部地区，绿色金融对包容性增长的促进效果尤为显著。这些研究不仅丰富了对绿色金融与包容性增长关系的理解，也为未来研究提供了新的视角和方法。

2.4　研究进展述评

不少学者对包容性增长问题进行研究，多数研究集中在包容性增长测度、包容性增长影响因素，以及绿色金融、普惠金融等对包容性增长的影响。而鲜有学者对包容性增长绩效以及包容性绿色增长绩效影响因素进行研究，且多从宏观角度对包容性增长进行统计测度，因此，本书在现有研究的基础上，既考虑环保专利、能源使用量、收入水平、获得基础设施机会等10个二级指标和专利申请授权数、分地区电力消费量等32个三级指标对包容性增长进行统计测度，又依据包容性增长所涉及的要素，与所设定的六个微观层面一一对应，将经济协调发展情况设定为微观视角下的经济预期，将加强中小企业的建设能力设定为微观视角下的营商环境情况，将个人能力建设设定为社会资源可获得性，将这种无形因素、观念和"感情"设定为社会地位自我感知和过程参与感，将缩小收入分配差距等收入要素纳入微观视角下成果共享，以上六个方面构建完整的研究指标体系。从微观层面了解河北省包容性增长现实情况。此外，在对包容性增长测度、包容性增长影响因素等问题进行研究的基础上，又对包容性增长绩效及包容性增长绩效影响因素进行了研究。同时，现有研究表明绿色金融是包容性增长的关键因素，国内外相关研究大多集中于绿色金融对于经济高质量发展的影响、绿色金融与产业结构、产业结构升级与包容性增长关系的层面，且已经得出了较为客观的学术结论。但是鲜有学者直接探究绿色金融对包容性经济增长的影响，以及在此基础上引入产业结构升级进一步探究其作用机制。另外，已有文献研究范围多为国家或者省域层面，很少涉及城市群，特别是缺少关于京津冀城市群的研究，京津冀地区是中国经济增长的重要区域，也是环境压力较大的地区，如何推动经济增长实现绿色化、包容性转型，进而提升包容性绿色增长水平，已成为中国当前亟待解决的重要课题。研究绿色金融对包容性经济增长的影响机理和传导路径可以为金融机构拓展业务提供新视角，推进绿色金融体系建设，促进产业结构生态化发展，促进实现经济的包容性增长。因此，本书将以京津冀城市群为例，研究绿色金融对包容性经济增长的影响。

第3章

包容性增长的指标体系构建及统计测度

包容性经济增长的推行，使得社会发展成果分配更加公平，提高利用资源的效率，使人民群众获得幸福感更高的生活，涵盖了环保专利、能源使用量、收入水平和基础设施等多个维度，共同体现了经济、社会与自然三大系统之间的和谐共生与不可分割性。包容性经济增长应具备以下显著特征：首先，包容性经济增长强调人民群众都可以享有增长的机遇和权益。这一特征体现了增长过程的普惠性，旨在确保每个社会成员都能公平地享有参与经济发展的权利，从而避免增长过程中的不平等现象。其次，增长要兼顾过程的协调性与可持续性，以体现绿色的理念。这意味着在经济增长过程中，必须妥善把握经济效益、经济社会影响与环境保护的有机结合，实现三者之间的平衡与协同，以推动全面的、和谐的发展，从而确保经济增长的绿色性和包容性。此外，包容性经济增长强调增长成果的全民共享。这一特征体现了经济增长的普惠性和共享性，要求经济增长的成果应惠及广大人民群众，实现社会财富的分配更加公平。同时，包容性经济增长以促进增收和减贫为核心目标。经济增长不仅是提高居民收入水平的基础，也是减少贫困和缩小收入差距的重要途径。通过促进经济增长，可以实现社会经济的全面发展，提高人民的生活水平。再次，包容性经济增长的核心理念在于推动社会公正。其价值内核在于倡导经济增长模式由过分倚重物质产出的旧范式向尊重人本价值的新模式转变，强调经济增长应以满足人的全面发展需求为宗旨，通过这种方式提升增长效果，致力于消除社会不公，实现公平与正义，确保经济增长成果切实服务于全社会个体的全面发展。最后，包容性经济增长特别关注生态环境质量的提升。在追求经济增速的同时，必须强化对生态系统保护与修复的力度，有效遏制环境污染，努力构建经济发展与环境保护的双赢格局。实现这一目标需要彻底转变传统生产和消费模式，大力推行绿色建设，优化各类资源分配，积极应用绿色科技，逐步降低对自然资本的过度依赖，旨在实现经济增长与生态平衡的和谐统一。

目前学者主要有两种方法对包容性增长进行研究：其一则采用 DEA 模型对包容性增长的效率进行测算，其二则采用熵值法、主成分分析法等评价方法对包容性增长的水平进行测算。为后面更好地研究绿色金融赋能包容性增长的水平如何，因此本章采用第二种方法，即采用主成分分析法或熵值法等评价方法对包容性增长的水平进行测度。

在现有的研究中大多学者采用熵值法对包容性增长进行测算，熵值法具有较强的客观性、适用性广、简便以及对数据不敏感等特点，但熵值法主要用于确定指标权重，本身不具有降维的功能且侧重于通过熵值来反映指标的离散程度，对指标之间线性的关系上并未有明确探究。而主成分分析法通过线性变换将原始数据映射到新的坐标系中，使得大部分的方差集中在前几个主成分上，从而实现降维的目的，且主成分的选择完全基于数据本身的统计特性，不涉及主观判断，因此相较于熵值法具有较强的客观性。

本章构建了包含 32 项具体指标的包容性增长评价指标体系，因此将选用能够进行降维且当数据量较大时效果更佳的主成分分析法对所构造的包容性增长指标体系进行评价研究，在得出不同年份不同城市的发展指数的基础上对京津冀城市群发展现状进行评价，同时为后面探讨的绿色金融赋能包容性增长提供数据支撑。

3.1 京津冀城市群包容性增长的指标体系构建

本章基于环保专利、能源使用量、收入水平、获得基础设施机会等 10 个二级指标和专利申请授权数、分地区电力消费量等 32 个三级指标，构建了京津冀城市群包容性经济指标体系。

基于包容性增长的内涵特征及综合考虑数据的可获得性，本章将从以下角度构建包容性增长指标体系：环保专利反映了国家和地区在环境保护和可持续发展方面的创新能力，体现了经济增长过程中对环境保护的重视，是衡量包容性增长水平的重要指标，本章用专利申请授权数来反映环保专利数量；能源使用量可以衡量经济增长的能源效率和环境可持续性，低能源使用量和高经济增长率的组合表明了资源的高效利用和低碳发展，是包容性增长的重要特征，本章采用分地区电力消费量、全年供气总量、天然气供气总量（市辖区）、天然气用气人口、天然气用气户数（市辖区）、全年供水总量、供水总量（市辖区）来反映能源使用水平；收入水平是衡量经济增长成果分配公平性的直接指标，包容性增长要求经济增长带来的收入提升能够惠及广泛的社会群体，减少贫困和不平等，本章用地区居民人均可支配收入来反映收入水平；基础设施的普及和可获得性对于促进经济增长和提高民众生活质量至关重要，反映了经济增长是否能够带动基础设施的公平分配，使所有人都能从中受益，本章采用城市排水管道长度、城市天然气管道长度、年末供水管道长度、年末实有道路长度、城市桥梁、城市道路照明、城市用水普及率、城市燃气普及率、基础设施建设投资总额（市辖区燃气）、基础设施建设投资总额（市辖区排水）、日均污水处理能力、城市污水处理率、清扫保洁面积、生活垃圾清运量可以反映基础设施水平；包容性增长强调在经济增长的同时减少环境污染，保护生态环境，而环境污染指标可以衡量经济增长对环境质量的负面影响，因此本章选用工业废气中氮氧化物排放量作为衡量环境污染的主要指标；保护区的设立和维护是生物多样性和生态系统保护的重要措施，体现了经济增长过程中对自然保护和生态平衡的重视，本章选用建成绿化覆盖率、绿地面积作为保护区的主要指标；包容性增长要求经济增长应促进性别平等，确保男女都能平等参与经济活动并从中受益。两性不平等指标则反映了经济增长过程中性别平等的状况，本章选用人口性别比作为两性不平等的主要指标；社会福利指标衡量了社会对弱势群体的保障程度和公共服务的普及情况，体现了经济增长是否能够带动社会福利的提高，实现社会公平，本章选用卫生、社会保障和社会福利业从业人员数作为社会福利的主要指标；教育是提高人力资本、促进社会流动和减少不平等的关键，教育指标反映了经济增长是否能够带来教育资源的公平分配和质量的提升，本章选用人均教师数和人均学校数作为教育的主要指标；预期寿命是衡量一个国家或地区居民健康状况和生活质量的重要指标，反映了经济增长是否能够提高民众的健康水平和生活质量，是包容性增长的重要体现，本章选用人口出生率和人口死亡率作为预期寿命的主要指标。具体包容性增长指标体系如表3-1所示。

表3-1　　　　　　京津冀城市群包容性增长指标体系

一级指标	二级指标	三级指标/单位
绿色经济发展	环保专利	专利申请授权数/个
	能源使用量	分地区电力消费量/万千瓦时
		全年供气总量/万立方米
		天然气供气总量（市辖区）/万立方米
		天然气用气人口/户
		天然气用气户数（市辖区）/户

一级指标	二级指标	三级指标/单位
绿色经济发展	能源使用量	全年供水总量/万立方米
		供水总量（市辖区）/万立方米
	收入水平	分地区居民人均可支配收入/元
	获得基础设施机会	城市排水管道长度/千米
		城市天然气管道长度/千米
		年末供水管道长度/千米
		年末实有道路长度/千米
		城市桥梁/座
		城市道路照明/千盏
		城市用水普及率/%
		城市燃气普及率/%
		基础设施建设投资总额——燃气（市辖区）/万元
		基础设施建设投资总额——排水（市辖区）/万元
		日均污水处理能力——污水处理厂（市辖区）/万立方米·日
		城市污水处理率/%
		清扫保洁面积/万立方米
		生活垃圾清运量/万吨
	环境污染	工业废气中氮氧化物排放量/吨
	保护区	建成区绿化覆盖率/%
		绿地面积/公顷
	两性不平等	人口性别比（女性＝100）/%
	社会福利	卫生，社会保障和社会福利业从业人员数/万人
	教育	人均教师数/人
		人均学校数/人
	预期寿命	人口出生率/%
		人口死亡率/%

3.2 京津冀城市群包容性增长水平的时空格局演变

根据前面构建的包容性增长指标体系，采用主成分分析法测算京津冀城市群包容性增长指数，数据来源于 2012~2021 年《中国统计年鉴》和中国经济社会发展统计数据库。研究发现，2011~2020 年，京津冀城市群的包容性增长呈现出明显的时空分异特征。

3.2.1 时空演变特征

如图 3－1 所示，总体来看，2011~2020 年京津冀城市群 13 个城市的包容性增长综合指数均呈现上升趋势。具体而言，北京市、天津市在此期间包容性经济均呈现正向增长趋势，其中 2011~2017 年增速较快，2018~2020 年增速放缓。同时，河北省城市群包容性增长的综合得分虽然为负值，但呈现逐渐上涨的趋势。

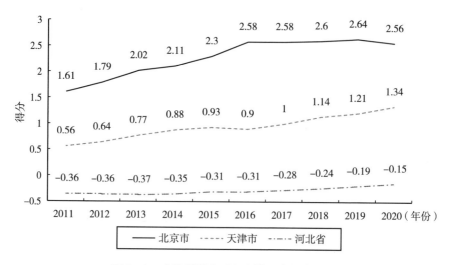

图 3－1 京津冀城市群包容性经济综合得分

北京市的包容性增长得分呈现出稳定上升的趋势，表明北京市在绿色经济发展、收入水平提升、基础设施建设、环境污染控制、社会福利改善、教育投入和预期寿命提高等方面取得了显著成效。北京市作为国家的政治、文化、国际交流和科技创新中心，其经济发展具有较高的包容性和可持续性。

天津市的包容性增长得分虽低于北京市，但也呈现出逐年上升的趋势，反映了天津市在经济发展、产业结构调整、基础设施建设、环境保护和社会福利等方面的持续进步。然而，与北京市相比，天津市的包容性增长方面仍有提升空间。

河北省的包容性增长得分在研究期内有所改善，但整体上仍低于北京和天津，且呈现出一定的波动性。表明河北省在经济发展、环境保护、社会福利和基础设施建设等方面仍有较大差距。河北省的经济结构转型较为缓慢，重工业比重高，环境污染问题较为严重，这些因素制约了其包容性增长的水平。

综上所述，京津冀地区的包容性增长呈现出区域发展不平衡的特点。北京市的发展水平明显领先，天津市次之，河北省相对落后。这一结果表明，尽管京津冀协同发展战略的实施取得了一定成效，但三地之间的发展差距仍然显著。

在空间维度上，本章首先对2011～2020年京津冀城市群的包容性增长水平进行混合K均值聚类分析，并将13个直辖市、省会、地级市划分为高、较高、中等、较低和低五个水平。

京津冀城市群包容性经济发展水平呈现出由直辖市、省会、沿海城市、内陆城市递减的态势且区域差异较大。

2011年北京市、天津市的包容性增长发展水平高，其他城市包容性增长发展水平区域差异一般。2015年北京市包容性增长发展水平高，其他城市包容性增长发展水平区域差异一般，但平均水平较低。2020年天津市、沧州市、衡水市、石家庄市包容性增长发展水平高，其他城市包容性增长发展水平区域差异大，但水平相近的城市分布均匀。

对 2011～2020 年京津冀城市群的包容性增长水平进行混合 K 均值聚类分析，并将 13 个城市按照 [-0.48, -0.41) [-0.41, -0.32) [-0.32, -0.2) [-0.2, -0.01) [-0.01, 2.56) 的范围分别划分为低、较低、中、较高、高五个水平。

聚类结果如表 3-2 所示，2011 年京津冀城市群的包容性增长发展水平呈现出明显的梯度差异：北京市和天津市作为直辖市，其包容性增长水平处于高位，这主要得益于两市的经济发展水平、基础设施建设、社会福利和环境保护等方面的显著优势。北京市作为国家的政治、文化、科技创新中心，其资源集聚效应和创新能力为包容性增长提供了强大动力。天津市则依靠其港口经济和较为完善的工业体系，在区域发展中保持领先地位。

表 3-2　　　　　　　　2011 年京津冀城市群包容性增长发展水平

等级	城市
低	沧州市、衡水市、邢台市
较低	承德市、张家口市、保定市
中	廊坊市、邯郸市
较高	秦皇岛市、唐山市、石家庄市
高	北京市、天津市

河北省内的城市则表现出不同的发展态势。沧州市、衡水市和邢台市处于较低水平，这可能与这些城市的经济发展相对缓慢、基础设施建设滞后和环境保护压力大等因素有关。承德市、张家口市和保定市处于较低水平，这些城市的经济发展和基础设施建设相对较弱，若促进包容性增长水平进一步发展仍需进一步加大政策支持和投入力度。廊坊市和邯郸市虽处于中等水平，但廊坊毗邻京津、邯郸位于四省交界处，仍显示出一定的经济发展潜力。

如表 3-3 所示，2015 年，京津冀城市群的包容性增长发展水平有所变化。北京市和天津市继续保持高水平，而河北省内城市的包容性增长水平出现了一定的波动。廊坊市的包容性增长水平由中等降为较低，秦皇岛市也由较高水平降为较低水平。

表 3 – 3   2015 年京津冀城市群包容性增长发展水平

等级	城市
低	沧州市、衡水市、邢台市
较低	承德市、张家口市、保定市、廊坊市、秦皇岛市
中	邯郸市、唐山市
较高	石家庄市
高	北京市、天津市

如表 3 – 4 所示，到了 2020 年，京津冀城市群的包容性增长发展水平呈现出新的变化。北京市和天津市依然稳定在高水平，而石家庄市的包容性增长水平显著提升，从较高水平跃升至高水平，石家庄市作为河北省省会城市，有着明显的政策扶持，尤其是在党的十八大之后，京津冀一体化进一步加强，石家庄在省内的战略地位使得其经济发展和基础设施建设加快，从而包容性增长发展水平飞速提升。

表 3 – 4   2020 年京津冀城市群包容性增长发展水平

等级	城市
低	承德市
较低	张家口市
中	邢台市、衡水市、沧州市
较高	邯郸市、秦皇岛市、廊坊市、唐山市、保定市
高	石家庄市、北京市、天津市

河北省内其他城市的包容性增长水平也有所提升。邯郸市、秦皇岛市等城市的包容性增长水平上升，显示出这些城市在京津冀一体化的背景下经济发展、基础设施建设和社会福利改善等方面的明显提高。然而，承德市和张家口市等城市的包容性增长水平仍然较低，显示出这些城市在经济发展和社会进步方面仍面临较大挑战。

总体而言，京津冀城市群包容性经济发展水平呈现出由直辖市、省会、沿海城市、内陆城市递减的态势，且区域差异较大。在 2011～2020 年，北京市和天津市的包容性增长水平始终处于高位，而河北省内的城市则呈现出动态变化。这一现象表明，尽管京津冀协同发展战略的实施取得了一定成效，但区域发展不平衡的问题虽在缩小但仍然存在。

未来，应进一步优化区域发展政策，发挥京津地区的区位辐射力度，加大对河北省内城市的支持力度，特别是在基础设施建设、环境保护和公共服务等方面，以促进京津冀城市群的包容性增长和区域协调发展。同时各城市应根据自身特点和优势，制定差异化的发展策略，提高经济发展的质量和效益，从而实现更高水平的包容性增长。

3.2.2 核密度估计

图 3－2 至图 3－11 展示了京津冀城市群 2011～2020 年包容性增长水平的动态变化。观察分布位置，京津冀城市群的包容性增长水平的主峰位置整体上呈现向右偏移的趋势，且包容性增长水平普遍得到了提升。具体而言，主峰位置大约在 －0.4 的水平，而 2014 年标志着向右偏移的转折点。从主峰形态分析，京津冀城市群包容性增长水平的绝对差异先是减少，随后又有所扩大。具体来说，主峰的峰值经历了"先上升后下降"的变化过程，而其宽度则表现为缩小的趋势，这反映出京津冀城市群间包容性增长水平的绝对差异在减少。从分布的延展性来看，京津冀城市群的包容性增长分布曲线明显向右延伸，这是由于部分城市的包容性增长水平较高所致。从整体分布延展性来看，副峰逐渐从主峰处远离。这说明除了个别城市外，其他城市的平均新质生产力水平有所提高。从极化趋势来看，京津冀城市群的包容性增长水平呈现出单极化趋势，尽管存在多峰形态，表明了一定程度的多极化现象，但总体而言，多极化现象正逐渐减弱，单极化成为主要趋势。这表明，总体上京津冀城市群的包容性增长水平正朝着趋同的单极化方向发展。

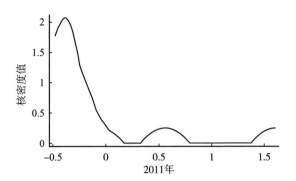

图3-2 2011年京津冀城市群包容性增长核密度估计

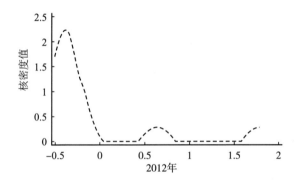

图3-3 2012年京津冀城市群包容性增长核密度估计

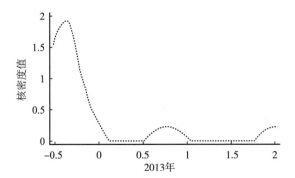

图3-4 2013年京津冀城市群包容性增长核密度估计

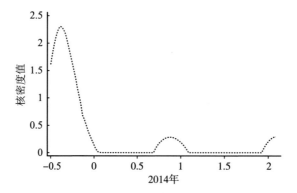

图 3 - 5 2014 年京津冀城市群包容性增长核密度估计

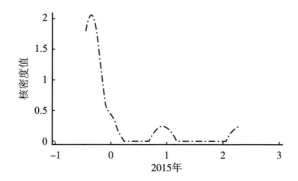

图 3 - 6 2015 年京津冀城市群包容性增长核密度估计

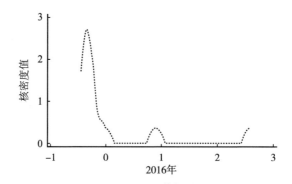

图 3 - 7 2016 年京津冀城市群包容性增长核密度估计

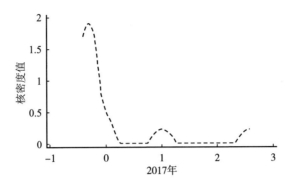

图 3 - 8　2017 年京津冀城市群包容性增长核密度估计

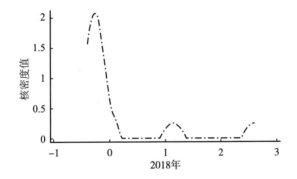

图 3 - 9　2018 年京津冀城市群包容性增长核密度估计

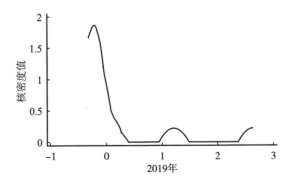

图 3 - 10　2019 年京津冀城市群包容性增长核密度估计

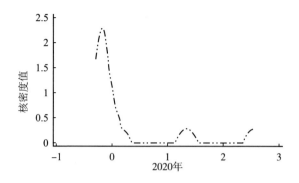

图 3 – 11　2020 年京津冀城市群包容性增长核密度估计

3.3 | 本章小结

在本章的研究中，首先深入探讨了包容性增长的发展理论，对其内涵和特征进行了详细阐述。包容性经济增长不仅是指经济总量的增加，更重要的是它体现了经济增长的普惠性、协调性、可持续性以及成果的全民共享。这种增长模式要求经济活动不仅要有较高的增长效率，而且要确保增长的成果能够广泛惠及社会各个群体，特别是弱势群体，从而实现社会公平和经济发展的双赢。

在构建包容性增长评价指标体系时，本章基于包容性增长的理论内涵，选择了 32 项具体指标，这些指标从环保专利、能源使用量、收入水平和基础设施等多个维度全面反映了经济增长的质量和包容性。其中，环保专利指标体现了技术创新和环境保护的结合，能源使用量指标衡量了经济增长的效率和环境可持续性，收入水平指标则直接关联到经济增长的普惠性，而基础设施指标则反映了经济增长对社会福祉的促进作用。

在研究方法上，本章采用了主成分分析法，这一方法不仅能够客观地评价不同城市在包容性增长方面的表现，还能有效降维。通过对 2011 ～ 2020 年京津冀城市群的数据进行深入分析，我们发现北京市和天津市在包容性增长方面表现优异，始终保持高位，这主要得益于这两市在经济发展、科技创新、基础设施建设和社会福利等方面的优势。与此同时，河北省的包容性增长水平相对较低，但整体呈现逐步上升的态势，表明河北省在经济发展过程中正逐步融入京津冀协同发展的整体布局。

在空间维度上，通过混合 K 均值聚类分析，我们将京津冀城市群的13 个城市划分为不同的包容性增长水平，从而揭示了城市群在包容性增长方面的时空分异特征。研究发现，北京市和天津市作为直辖市，其包容性增长水平显著领先，而河北省内的城市则呈现出多样化的发展态势，如石家庄市在 2020 年实现了包容性增长水平的显著提升，显示出河北省内部分城市在围绕京津冀一体化战略的努力。

尽管京津冀协同发展战略取得了一定的成效，但区域发展不平衡的问题依然显著。为了促进更高水平的包容性增长和区域协调发展，未来应进一步优化区域发展政策。应加大对河北省内城市的支持力度，特别是在基础设施建设、环境保护和公共服务方面，以缩小与京津冀地区的差距。同时，各城市应根据自身特点和优势，制定差异化的发展策略，提高经济发展的质量和效益，确保经济增长的成果能够更加公平地惠及所有社会成员，从而推动京津冀城市群向更加包容、协调和可持续的发展方向迈进。

第**4**章

基于微观视角的包容性
增长的统计测度

包容性增长的含义是"公平合理地分享经济增长，社会和经济协调发展、可持续发展，与单纯追求经济增长相对立"。其内涵主要包含以下几个方面：加强中小企业和个人能力建设；让弱势群体得到保护；在经济增长过程中保持平衡；强调投资和贸易自由化，反对投资和贸易保护主义；缩小收入分配差距，重视社会稳定。包容性增长也包括更多的无形因素、观念和"感情"，其关键词是希望和参与。因此，本章依据包容性增长所涉及的要素，与所设定的六个微观层面一一对应，将经济协调发展情况设定为微观视角下的经济预期，将加强中小企业的建设能力设定为微观视角下营商环境情况，将个人能力建设设定为社会资源可获性，将这种无形因素、观念和"感情"设定为社会地位自我感知和过程参与感，将缩小收入分配差距等收入要素设定为微观视角下成果共享感，以上六个方面构建了本章完整的研究指标体系。从而了解河北省包容性增长现实情况，为河北省包容性增长制定科学合理的策略提供理论依据。

4.1

调研方案

　　本章依托中国社科院重大经济调查项目《中国经济形势与包容性绿色增长问题跟踪调查》在河北省的调研活动，以河北省 11 个地级市中年龄段在 21~40 岁、41~55 岁、56~70 岁的居民作为调查对象，并对其依据第一产业、第二产业、第三产业进行划分，以市为单位分配问卷数额，严格控制样本分布。

　　为突破时空的限制，本次调查问卷采取线上发放，共分为预调查和正式调查两个阶段。在预调查中，本团队通过线上发放 50 份问卷，共回收 50 份问卷，其中有效问卷有 41 份。在正式调查的问卷发放过程中运用多阶段分层抽样与简单随机抽样相结合。首先，依据河北省 11 市人口情况分层抽取每个市的问卷总份数，其次，按照各市第一产业、第二产业、第三产业的占比情况，21~40 岁、41~55 岁、56~70 岁三个年龄段人数分布情况，以及各市男女性别比例进行三次分层抽样，共计回收 898 份有效问卷。

　　表 4-1 为正式调查的问卷信度分析。在正式调查中，运用 SPSS 软件进行 Alpha 信度分析，结果显示，问卷数据的 Cronbach-α 系数为 0.869 > 0.8，表明数据的可靠性和有效性较好，选用该指标体系对包容性增长进行测量结果可信。表 4-2 为正式调查 KMO 和 Bartlett 球形度检验结果，结果显示正式调查 KMO 值为 0.846 > 0.8，Bartlett 球形度检验 P 值为 0.000，表明数据偏相关性较强、较为独立，适合性较好，变量选择与变量划分效果较好，适合进行因子分析。

表 4 - 1　　　　　　　　　　　正式调查信度分析

变量	Cronbach - α	项数
经济预期	0.817	6
营商环境	0.953	6
社会资源可获性	0.81	7
社会地位自我感知	0.816	3
过程参与感	0.708	3
成果共享感	0.643	3
整体量表	0.869	28

表 4 - 2　　　　　正式调查 **KMO** 和 **Bartlett** 球形度检验

KMO 取样适切性量数	KMO 值	0.846
Bartlett 球形度检验	近似卡方	4156.845
	自由度	378
	显著性	0.000

4.2

河北省包容性增长现状分析

4.2.1　受访者基本信息描述

如表 4 - 3 所示，在本次调查中男性被调查者占比 44.7%；女性占比约为 55.3%；从调查样本年龄分布来看，以 21 ~ 40 岁人群居多；政治面貌层面，中共党员占比 48.5%；受教育程度多集中于大学本科水平；被调查人群中从事第三产业的人最多，占比 69.2%；年收入在 8 万 ~ 15 万元占比 43.6%，调查人群的收入结构呈现正态分布趋势，符合社会总体收入结构比例。

表4-3		基本社会人口特征	
变量	分组	频率	累计频率
性别	男	0.447	0.447
	女	0.553	1.000
年龄	21~40岁	0.594	0.594
	41~55岁	0.380	0.974
	56~70岁	0.026	1.000
政治面貌	群众	0.248	0.248
	共青团员	0.143	0.391
	中共党员	0.485	0.846
	民主党员	0.124	1.000
学历	小学及以下	0.015	0.015
	初中	0.034	0.049
	高中、中专或技校	0.041	0.090
	大学专科（含成人高等教育）	0.086	0.176
	大学本科（含成人高等教育）	0.459	0.635
	硕士研究生	0.224	0.879
	博士研究生	0.120	0.999
从业类型	待业	0.105	0.105
	第一产业	0.053	0.158
	第二产业	0.150	0.308
	第三产业	0.692	1.000
年收入	3万元以下	0.199	0.199
	3万~8万元	0.188	0.387
	8万~15万元	0.436	0.823
	15万~30万元	0.162	0.985
	30万元及以上	0.015	1.000

4.2.2 河北省包容性增长基本情况

1. 经济预期

在不同时期经济增速比较中，分别有50.74%的人和42.11%的公众认为经济增速下降，对经济增长较为悲观。河北省公众对于我国出口总量变动的判断中，认为我国出口总量呈下降态势与上升态势的人数相差不大，表明河北省公众对于出口量发展保持较为稳定的发展预期。河北省公众对于就业形势的变化，分别有 54.51% 和 51.12% 的人认为社会就业形势变差，可能是近年来受疫情影响，经济下行压力过大，多数小微企业、实体经济由于资金问题无法维持企业的运行，造成企业倒闭与失业人数增加，就业形势恶化。

2. 营商环境

满分为 10 分，在满意度得分中法治建设 6.37 分，评分最高，河北省法治环境较好，是企业入驻的重要引力；政策优惠 5.87 分，评分最低，说明要继续落实好国家出台的政策，并对当下对部分政策进行适当的调整。公众对当前包容性营商环境建设总体较为满意，但部分方面还有待提高。

3. 社会资源可获性

您对外地人到本地就业和生活的欢迎程度，评分为 7.69 分，当地政府对环境污染的重视程度，评分为 7.30 分；这两个项目评分远高于平均水平，表明河北省公众对于外来就业者持接受态度，对于人才需求量大。您在企业努力工作，获得上司肯定与升职的可能性有多大？评分为 5.89 分，评分最低，表明企业应关注员工的发展诉求，设置合理的晋升机制，提供较多的机遇，职业发展、政府服务质量仍需提升。

4. 社会地位自我感知

通过过去 5 年、当下、未来 5 年的社会地位自我感知进行纵向对比，认为处于中等水平人数占比较为稳定，处于中下水平由 29% 下降至 14%，处于中上水平由 9% 上升至 27%。可以看出河北省公众对于社会地位自我感知有较好的预期。

5. 过程参与感

仍有近1/3的被调查者认为去政府机关等相关单位办事需要找熟人。河北省公众过程参与的公平感较好，但仍需破解"熟人"观念，营造公开透明的社会氛围。

6. 成果共享感

全年总收入和家庭经济状况水平呈明显的集中分布趋势，说明河北省经济分配结构较为合理，中等收入群体占总体的50%左右，收入群体趋于"橄榄形"说明河北省经济建设并没有一味追求经济的单一增长，而是追求全社会，多角度的共同经济增长模式。

4.3

基于结构方程的包容性增长因子结构分析

4.3.1 数据的处理与检验

对问卷原始数据进行预处理。将文字型答案转换为数值型，设置有序度量标准，筛选删除偏差较大的数据，检查数据的整体性。

1. 效度检验

使用主成分分析法提取因子，并使用最大方差法进行旋转，模型的总方差解释如表4-4所示。由此可知，在选取6个因子时，累计方差贡献率达到65.46%，说明在原有的数据中选取6个因子进行分析是合理的。在此基础上，依据主成分划分题目标准，与原问卷进行对比分析，核验问卷设计是否合理，检验可得题项均有较好的分类依据，确定最终包容性增长结构方程的量表。

表 4 - 4 总方差解释

成分	初始特征值			提取载荷平方和			旋转载荷平方和		
	总计	方差百分比	累积百分比	总计	方差百分比	累积百分比	总计	方差百分比	累积百分比
1	7.14	25.48	25.48	7.14	25.48	25.48	6.00	21.42	21.42
2	3.52	12.59	38.07	3.52	12.59	38.07	3.24	11.58	33.00
3	2.54	9.06	47.13	2.54	9.06	47.13	2.69	9.61	42.61
4	2.08	7.42	54.55	2.08	7.42	54.55	2.53	9.02	51.63
5	1.75	6.24	60.79	1.75	6.24	60.79	1.94	6.94	58.57
6	1.31	4.67	65.46	1.31	4.67	65.46	1.93	6.89	65.46

依据主成分划分题目标准，与原问卷进行对比分析，核验问卷设计是否合理，检验可得题项均有较好的分类依据，确定最终包容性增长结构方程的量表。

2. 正态性检验

此次调查依据（Kline，2018）提出的标准，偏度系数的绝对值在 3 以内，峰度系数的绝对值在 8 以内，则可认为数据满足近似正态分布的要求。此次调查中所有变量的偏度和峰度均在规定范围内，即可认为数据符合正态性分布。

3. 相关分析

通过皮尔逊（Pearson）相关分析对各个变量之间的相关关系进行探索性的分析，根据分析结果可知，部分变量之间存在显著的正相关关系，如经济预期与营商环境、营商环境与社会资源可获性、社会资源可获性与社会地位自我感知、社会地位自我感知与成果共享感均存在显著的相关关系，并且都是在 1% 的水平上显著。社会资源可获性与成果共享感、社会地位自我感知与成果共享感均在 5% 的水平上显著。但是也有部分变量之间呈负相关关系，具体情况如表 4 - 5 所示。

表 4 – 5			各个维度之间的 Pearson 相关分析结果			
维度	经济预期	营商环境	社会资源可获性	社会地位自我感知	过程参与感	成果共享感
经济预期	1					
营商环境	0. 186 **	1				
社会资源可获性	0. 032	0. 633 **	1			
社会地位自我感知	− 0. 072	0. 079	0. 250 **	1		
过程参与感	− 0. 052	− 0. 01	− 0. 05	0. 128 *	1	
成果共享感	0. 019	0. 01	0. 141 *	0. 179 **	− 0. 016	1

注：** $P < 0.01$ 级别（双尾），相关性显著；* $P < 0.05$ 级别（双尾），相关性显著。

4.3.2　结构方程模型的建立

1. 潜变量及可测变量的设定

在前面研究的基础上，考虑到潜变量的不可以直接观测，本章从理论层面和问卷题项设计方面出发，选定经济预期、营商环境、社会资源可获性、社会地位自我感知、过程参与感、成果共享感六个微观层面来调查河北省包容性增长，相应的可测量设定及题项见表 4 – 6。

表 4 – 6		潜变量与观察变量的设定
潜变量	观察变量	观察变量说明
经济预期	jjyq1	1. 您认为 2022 年第一季度经济增速与 2021 年第一季度相比是？
	jjyq2	2. 您认为 2022 年第一季度经济增速与 2021 年第四季度相比是？
	jjyq3	3. 您认为 2022 年第一季度我国出口总量与 2021 年第一季度相比是？
	jjyq4	4. 您认为 2022 年第一季度我国出口总量与 2021 年第四季度相比是？
	jjyq5	5. 您认为 2022 年第一季度社会就业形势与 2021 年第一季度相比是？
	jjyq6	6. 您认为 2022 年第一季度社会就业形势与 2021 年第四季度相比是？
营商环境	yshj1	1. 与全国平均水平相比，您对当地营商环境建设的满意度评价如何？——政府服务
	yshj2	2. 市场秩序
	yshj3	3. 政策优惠

潜变量	观察变量	观察变量说明
营商环境	yshj4	4. 法治建设
	yshj5	5. 税收优惠
	yshj6	6. 总体营商环境
社会资源可获性	shzy1	1. 您周围的人去政府办事的方便程度
	shzy2	2. 您在政府相关网站办理业务的方便程度
	shzy3	3. 您对外地人到本地就业和生活的欢迎程度
	shzy4	4. 您在企业努力工作，获得上司肯定与升职的可能性有多大
	shzy5	5. 您对居住地周边街道卫生的满意程度如何评价
	shzy6	6. 您认为本地公共交通出行的方便程度
	shzy7	7. 您认为相对于经济发展，当地政府对环境污染的重视程度如何
社会地位自我感知	shdw1	1. 您认为您本人的社会地位在当地属于什么水平？——当前（2022）
	shdw2	2. 您认为您本人的社会地位在当地属于什么水平？——5 年前
	shdw3	3. 您认为您本人的社会地位在当地属于什么水平？——未来 5 年
过程参与感	gccy1	1. 您周围的人去执法机关办事，需要找熟人吗
	gccy2	2. 您周围的人去政府办事，需要找熟人吗
	gccy3	3. 您身边的大学生在当地找一个平均收入的工作是否需要托关系
成果共享感	cggx1	1. 2021 年，您的全年总收入是多少
	cggx2	2. 2021 年，您的家庭总体的收支情况是
	cggx3	3. 您家的家庭经济状况在所在地属于哪一档

2. 研究假设

基于六个微观视角探寻河北省包容性增长情况，得出结构方程路径如图 4 - 1 所示。

研究假设：假设包容性增长的六个微观层面中，两两潜变量之间均存在并且有正向相关关系。

3. 模型识别

在本章中，t = 378（依据表 4 - 2 中自由度），p = 28，由计算可知，378 < 28 × (28 + 1)，表示模型过度识别。

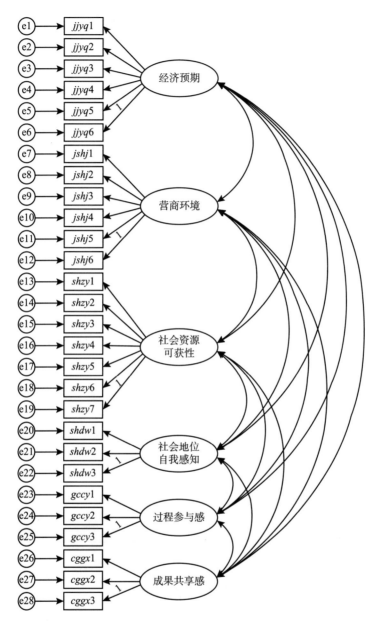

图 4 - 1　结构方程模型图

4. 违反估计

满足以下两个条件中任意一个即可判定为违反估计：一方面，模型中的测量误差存在负值；另一方面，标准化系数超过或非常接近于1。本章测量误差 S. E. 均为正值，标准化系数整体上小于1。不满足以上两个条件，说明假设模型并不存在违反估计。

其中潜变量之间的路径系数有多个呈现不显著状态，需要进一步进行调整假设模型。

5. 模型修正

由于数据上的更改无法再被执行，所以在原结构模型中对于潜变量之间不显著的相关性进行消除。对模型进行修正后，重新进行适配度检验。

如表4-7所示，所有指标的实测结果均有一定程度的改善：其中 *CMIN/DF*、*RMSEA* 两项指标有所降低，*IFI*、*TLI*、*CFI* 三项指标均上升至0.9以上，达到优秀水平。因此，修正后的模型相较于原模型具有更好的准确性，本章以此作为最终研究模型。

表4-7　　　　　　　　修正后模型适配度检验

指标	参考标准	实测结果
CMIN/DF	1~3 为优秀，3~5 为良好	2.036
RMSEA	小于0.05 为优秀，介于0.05 与0.08 之间为良好	0.063
IFI	大于0.9 为优秀，0.8 为良好	0.911
TLI	大于0.9 为优秀，0.8 为良好	0.901
CFI	大于0.9 为优秀，0.8 为良好	0.910

根据式（4-1）、式（4-2）对修正后的模型进行收敛效度和组合信度检验，检验结果如表4-8所示。同时进行区别效度检验，检验结果如表4-9所示。

计算公式：

AVE：

$$AVE = (\sum \lambda^2)/n \qquad (4-1)$$

CR：

$$CR = \left(\sum \lambda\right)^2 \Big/ \left[\left(\sum \lambda\right)^2 + \sum \delta\right] \qquad (4-2)$$

其中，λ 为因子载荷值，n 为该因子的测量指标个数。δ 为剩余方差，λ、δ 均为标准化之后的结果。

表4-8　　　　　　　　　修正后收敛效度和组合信度

变量	路径	变量	估计值	AVE	CR
*jjyq*1	<---	经济预期	0.640		
*jjyq*2	<---	经济预期	0.616		
*jjyq*3	<---	经济预期	0.723	0.430	0.819
*jjyq*4	<---	经济预期	0.680		
*jjyq*5	<---	经济预期	0.606		
*jjyq*6	<---	经济预期	0.664		
*yshj*1	<---	营商环境	0.877		
*yshj*2	<---	营商环境	0.890		
*yshj*3	<---	营商环境	0.890	0.776	0.954
*yshj*4	<---	营商环境	0.869		
*yshj*5	<---	营商环境	0.810		
*yshj*6	<---	营商环境	0.945		
*shzy*1	<---	社会资源可获性	0.872		
*shzy*2	<---	社会资源可获性	0.781		
*shzy*3	<---	社会资源可获性	0.394		
*shzy*4	<---	社会资源可获性	0.539	0.381	0.801
*shzy*5	<---	社会资源可获性	0.576		
*shzy*6	<---	社会资源可获性	0.517		
*shzy*7	<---	社会资源可获性	0.499		
*shdw*1	<---	社会地位自我感知	1.005		
*shdw*2	<---	社会地位自我感知	0.683	0.642	0.839
*shdw*3	<---	社会地位自我感知	0.678		
*gccy*1	<---	过程参与感	0.965		
*gccy*2	<---	过程参与感	0.746	0.537	0.754
*gccy*3	<---	过程参与感	0.350		

变量	路径	变量	估计值	AVE	CR
*cggx*1	<---	成果共享感	0.747		
*cggx*2	<---	成果共享感	1.077	0.535	0.735
*cggx*3	<---	成果共享感	0.219		

表 4 - 9　　　　　　　　　　　修正后显示区别效度检验结果

变量	经济预期	营商环境	社会资源可获性	社会地位自我感知	过程参与感	成果共享感
经济预期	**0.4304**					
营商环境	0.2230	**0.7763**				
社会资源可获性	0.1190	0.7810	**0.3806**			
社会地位自我感知			0.1470	**0.6421**		
过程参与感	- 0.1400			0.1050	**0.5367**	
成果共享感			0.0740			**0.5353**
AVE 平方值	0.6560	0.8811	0.6169	0.8013	0.7326	**0.7316**

　　具体修正后结构方程路径系数如图 4 - 2 和表 4 - 10 所示，用极大似然法估计，整体效果较为显著。

4.3.3　模型结果分析与讨论

1. 潜变量之间关系的分析

　　表 4 - 11 是潜变量相关关系判定结果，展示了结构方程中潜变量之间的路径关系及相关性情况。由表可知包容性经济增长的六个维度间存在有兼具积极与消极影响的复杂关系。根据测算结果，包容性增长的六个维度间具体影响关系如下：第一，经济预期与营商环境之间呈现出显著的正向相关关系（Estimate = 0.223，P = 0.002），这表明，公众对经济增速的预期越乐观，他们对营商环境的评价也越高；第二，经济预期与社会资源可获性之间虽然也表现为正向相关，表明经济预期的提高在一定

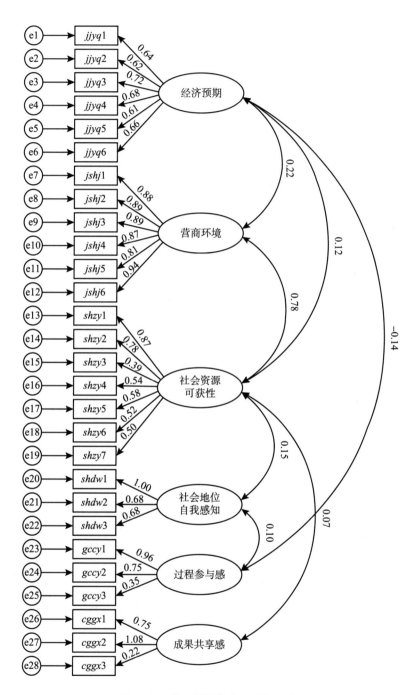

图4-2 修正后结构方程路径系数

表 4-10 修正后结构方程路径系数表

变量	路径	变量	Estimate	S. E.	C. R.	显著性
jjyq1	<---	经济预期	0.640			
jjyq2	<---	经济预期	0.616	0.121	8.156	***
jjyq3	<---	经济预期	0.723	0.135	9.167	***
jjyq4	<---	经济预期	0.680	0.129	8.786	***
jjyq5	<---	经济预期	0.606	0.100	8.050	***
jjyq6	<---	经济预期	0.664	0.108	8.636	***
yshj1	<---	营商环境	0.877			
yshj2	<---	营商环境	0.890	0.045	21.112	***
yshj3	<---	营商环境	0.890	0.048	21.114	***
yshj4	<---	营商环境	0.869	0.049	20.059	***
yshj5	<---	营商环境	0.810	0.051	17.499	***
yshj6	<---	营商环境	0.945	0.044	24.289	***
shzy1	<---	社会资源可获性	0.872			
shzy2	<---	社会资源可获性	0.781	0.062	14.734	***
shzy3	<---	社会资源可获性	0.394	0.077	6.353	***
shzy4	<---	社会资源可获性	0.539	0.072	9.083	***
shzy5	<---	社会资源可获性	0.576	0.065	9.830	***
shzy6	<---	社会资源可获性	0.517	0.069	8.639	***
shzy7	<---	社会资源可获性	0.499	0.065	8.276	***
shdw1	<---	社会地位自我感知	1.005			
shdw2	<---	社会地位自我感知	0.683	0.071	10.677	***
shdw3	<---	社会地位自我感知	0.678	0.069	10.597	***
gccy1	<---	过程参与感	0.965			
gccy2	<---	过程参与感	0.746	0.112	6.669	***
gccy3	<---	过程参与感	0.350	0.072	4.697	***
cggx1	<---	成果共享感	0.747			
cggx2	<---	成果共享感	1.077	0.164	4.843	***
cggx3	<---	成果共享感	0.219	0.028	3.874	***
经济预期	<-->	营商环境	0.223	0.078	3.076	***
经济预期	<-->	社会资源可获性	0.119	0.081	1.648	*
经济预期	<-->	过程参与感	-0.140	0.035	-2.007	**
营商环境	<-->	社会资源可获性	0.781	0.297	8.824	***

变量	路径	变量	*Estimate*	S. E.	C. R.	显著性
社会资源可获性	<-->	社会地位自我感知	0.147	0.070	3.155	***
社会资源可获性	<-->	成果共享感	0.074	0.131	1.626	**
社会地位自我感知	<-->	过程参与感	0.105	0.042	1.693	*

注：＊P＜0.1，＊＊P＜0.05，＊＊＊P＜0.01。

表4-11 潜变量之间相关关系判定

变量	路径	变量	*Estimate*	P	相关性
经济预期	<-->	营商环境	0.223	***	正向相关
经济预期	<-->	社会资源可获性	0.119	*	正向相关
经济预期	<-->	过程参与感	-0.140	*	负向相关
营商环境	<-->	社会资源可获性	0.781	***	正向相关
社会资源可获性	<-->	社会地位自我感知	0.147	***	正向相关
社会资源可获性	<-->	成果共享感	0.074	不显著	正向相关
社会地位自我感知	<-->	过程参与感	0.105	*	正向相关

注：＊P＜0.1，＊＊P＜0.05，＊＊＊P＜0.01。

程度上能够增加公众对社会资源可获性的感知；第三，经济预期与过程参与感之间却呈现出显著的负向相关关系（*Estimate* = -0.14，P = 0.045），这表明，经济预期的提高并未带来过程参与感的增强，反而可能由于经济压力增大导致公众对过程参与的感知降低；第四，营商环境与社会资源可获性之间表现出极强的正向相关关系（*Estimate* = 0.781，P 值极显著），表明优化营商环境对于提升社会资源可获性的重要性。政府应继续深化改革开放，优化营商环境，以促进社会资源的有效配置和利用；第五，社会资源可获性与社会地位自我感知、成果共享感之间均呈现正向相关关系，尽管与成果共享感的相关性显著性较低（*Estimate* = 0.147，P = 0.002；*Estimate* = 0.074，P = 0.104），这表明社会资源的可获得性不仅有助于提升公众的社会地位自我感知，还在一定程度上促进了成果的共享；第六，社会地位自我感知与过程参与感之间也表现为正向相关，但显著性水平同样较低（*Estimate* = 0.105，P = 0.09），表明社会地位自我感知的提高可能在一定程度上促进公众的过程参与感。

2. 潜变量与观察变量之间的关系分析

经济预期对于出口总量变动看法影响较大，同时经济预期也对居民感知的经济增速、就业形势变动具有一定程度的影响；营商环境前五项观察变量的路径系数较为相近且均处于较高水平，说明居民对于当地政府服务、市场秩序、政策优惠、法治建设、税收优惠的体验均能较好反映营商环境，第六项观察变量的路径系数为 0.945，表明居民对于总体营商环境的感知更能反映营商环境的现实情况；社会资源可获性层面，该组观察变量的路径系数数值较为分散，其中，变量 $shzy1$（去政府办事的方便程度）和变量 $shzy2$（在政府相关的网站办理业务的方便程度）路径系数较高，说明居民对于社会资源可得性方面，更加看重政府所提供的资源与服务。对于在工作中获得升职发展、周围的生活卫生条件，出行交通条件也是社会资源可获性的重要部分；在社会地位自我感知角度，居民更加注重当前社会地位的评判；在过程参与感的三项观察指标路径系数中，居民对于执法机关办事是否需要找熟人和托关系更为看重，其次是居民对政府办事是否需要找熟人，说明在过程参与感中，居民更加看重执法机关和政府的公平性；对于成果共享感，年度家庭总体收支情况的路径系数最高，体现出收入和支出均为评判成果共享感的重要内容。

4.4 本章小结

河北省在过去三十年的迅速城市化、工业化和人口红利的共同作用下，打赢了脱贫攻坚战，消除了绝对贫困。经济发展视角逐渐转到相对贫困上，本章通过微观层面即企业和居民个人的视角来研究如何实现经济和社会的包容性增长，对于增强经济高质量发展的公平性、可持续性具有重大意义。通过对问卷结果进行数据分析，得到以下结论并提出相关建议。

1. 经济预期与营商环境互相促进

经济预期与营商环境同向变动。经济预期的主体是参与经济建设的每个个体，经济的发展、营商环境的优化都离不开个人稳定的预期与坚定的信心。经济预期会决定个人对经济增速、出口总量、就业形势的看法，进而影响其在经济活动中的行为。如果经济发展信心不足则会减少消费和投资，进而减少商业运行过程中资金流动与消费需求，对供给侧产生负面影响，劣化营商环境，陷入经济循环下行通道。营商环境的优化一定程度上会增强个人的经济发展信心和稳定预期。提升政府对于企业发展过程中的服务能力，对小微企业进行政策上的鼓励和税收上的优惠，激发运营活力，推进市场经济中法治建设，破除企业发展的壁垒，使每个企业都有公平发展的权利，这些对于提振经济发展预期和增强经济信心有着重大影响。

2. 经济预期与社会资源可获性互相促进

经济预期与社会资源可获性同向变动。如果经济预期较为稳定，即可以理解为对于经济发展具有较好的信赖性，投入会获得更好的收益和更高的生活水平，个体更愿意将资金、时间、资产等要素投入生产过程中去。当有大量的资源不断涌入时，会为经济发展注入新的活力，解决发展过程中因资源短缺而造成的人员流动的排外心理、职业晋升的阶层固化、基础设施的供不应求等问题，提升生产要素的流动性，追求经济可持续、公平的发展。同时，社会资源可获得性实质上是资源获取中受益者的主观感受，当个人感受到政府办理业务方便、外地人到本地就业受欢迎、在工作岗位晋升中有公平公正的机会，以及对于衣食住行所提供的社会服务具有较高的满意度，会进一步提升人民对于经济发展的预期和信赖性，最终形成经济发展的良性循环体系。

3. 经济预期与过程参与感呈负相关

经济预期与过程参与感有较为显著的负向相关，与假设正好相反，推测该结果的原因为，本章针对经济预期设定的观察变量为经济增速、就业形势、出口总量，针对过程参与感设定的观察变量为在区政府或执法机关、找工作是否需要托熟人关系。可以看出过程参与感的题目设定为反向题。当经济预期越高，参与经济的意愿越强，反而会被过程参与中一些不正当、不公平的现象所阻碍，降低过程参与感。相反，如果过程参与感很高，即代表个人所托关系而获得的机会概率更大，一定程度上也代表了发展机会的排外性，展现经济发展的不公平性，拉低公众的经济预期。

4. 营商环境与社会资源可获性互相促进

营商环境与社会资源可获性同向变动。良好的营商环境可以促进市场经济中大、中、小企业平等的发展，而中小企业的发展对于经济发展具有重要的作用，可以激发经济活力、提供就业岗位、推动创新、增加税收、便民利民等，所以中小企业的发展可以满足个人对于社会资源的获取要求。同时，当经济主体对于社会资源可获性有较高的评价时，说明其诉求可得到合理的解决，政府了解个体在经济发展中的诉求与问题，可以进一步制定合理的政策来完善市场运行中的漏洞。

5. 社会资源可获性与社会地位自我感知互相促进

社会资源可获性与社会地位自我感知为同向变动。当社会资源可获性较高时，表明个体从生活中获取生存性资源以及从政府、企业中得到的发展性资源较多，而社会地位自我感知由个人占有资源所决定，因此社会资源可获性的提升在一定程度上会引起社会自我感知的提升。当社会地位自我感知提升时，个人会为了争取更多发展权利与资源不断融入更高层次的发展圈层，如改善自己生活水平，提升自身竞争力，以获取更好的社会资源。

6. 社会资源可获性与成果共享性互相促进

社会资源可获性与成果共享感同向变动。社会资源可获性为个人的发展提供更多发展机会与权利，让其感受到发展带来的效益，享受发展成果。例如，如果晋升制度公开透明，尊重个人的努力与成果，会激发个人的进取心，营造良好的竞争氛围，对于有能力者赋予其更高的发展平台，提升其工资水平，增强成果共享感。同时，成果共享感的提升表现在三方面，即满足社会成员最基本的生存条件，满足社会成员最基本的发展条件，每个社会成员的生活水准和发展能力都能够随着社会发展进程的推进而不断地得以提升。这三方面的实现离不开社会资源的平等分配。

7. 社会地位自我感知与过程参与感互相促进

社会地位的自我感知过程与社会参与感同向变动。当一个人所处的地位越高，证明其拥有的财富、权力、教育等资源越多，也更容易形成权力关系网络。在经济发展过程中走后门、托关系的概率会加大，会严重影响经济发展的公平性。

第**5**章

绿色金融赋能包容性
增长的统计测度

本章首先构建绿色金融发展指标体系与包容性增长指标体系，并通过熵值法与主成分分析法分别对指标体系进行评价研究，得出不同年份不同城市的发展指数，在评价京津冀城市群发展现状的同时为后面提供数据支撑。

5.1
京津冀城市群绿色金融发展水平的综合评价

5.1.1 指标体系构建

本章参考了 2016 年中国人民银行、财政部等七部门发布的《关于构建绿色金融体系的指导意见》以及国内外学者的有关研究，并结合数据可得性考虑，选取绿色信贷、绿色证券、绿色保险、绿色投资以及碳金融 5 项二级指标、8 项三级指标来构建绿色金融指标体系。搜集整理了京津冀城市群 2011～2020 年的相关数据，对指标体系具体阐释说明如下。

绿色信贷是我国绿色金融体系中的重要组成部分，其对企业的影响主要体现在，既能够通过贷款为节能环保企业提供充足的资金支持，支持此类企业的技术创新与发展，又能够限制高污染、高耗能类型企业的贷款可获得性，以环境规制手段倒逼企业进行结构优化和寻求转型。本章选取六大高耗能产业利息支出占工业产业利息总支出的比重作为绿色信贷的三级指标。

绿色证券主要包括企业可以利用的股票、债券和基金等多种形式的融资工具，可以保证企业从资本市场上获得充足的资金以支持企业相关生产经营活动的正常进行。本章将采用节能环保企业和六大高耗能产业的市值比例作为评估绿色信贷的重要参考指标。

绿色保险主要强调环境责任保险，是企业用于分散自身环境风险的工具，避免企业因环境污染事故而难以承受巨额赔款从而影响正常生产经营活动。国内的环境责任保险起步较晚，环境保护部于 2013 年才开始推行城市试点，并且暂无官方公布的相关数据，本章选用保险深度、保险密度以及保险赔付率作为衡量绿色保险的指标。

绿色投资主要强调在环境保护方面的投资，这种投资在短期内的效益有限，但从长期来看，无疑是有利于可持续发展的。绿色投资的来源大多是政府财政，主要反映的是地方政府在污染治理和节能环保方面的投入力度，本章选用节能环保公共支出占比作为细化指标。

碳金融是与碳排放权交易相关的金融活动和市场，旨在通过金融手段推动减少碳排放、促进低碳经济发展，同时也为企业和投资者提供了新的投资机会和风险管理工具。碳金融是绿色金融的一个子领域，两者在实践中可以相互支持和互补，共同推动环保和可持续发展。碳金融主要包括碳排放权交易、碳金融产品以及碳金融服务。在碳市场上，政府或国家组织向企业和机构发放一定数量的碳排放许可证，可以达到碳排放控制和减排目标。除了碳排放权交易，碳金融产品可以帮助企业和投资者管理碳排放风险、参与碳市场交易以及推动低碳转型。本章采用区域碳排放贷款深度作为碳金融的细化指标。具体指标体系如表 5 – 1 所示。

表 5 – 1　　　　　　　　　　绿色金融发展指标体系

一级指标	二级指标	三级指标	说明
绿色金融	绿色信贷	六大高耗能产业利息支出占比	六大高耗能产业利息支出/工业产业利息总支出
	绿色证券	节能环保企业市值占比	节能环保企业市值/总市值
		六大高耗能产业市值占比	六大高耗能产业市值/总市值
	绿色保险	F 保险深度	保险保费/GDP
		保险密度	保险保费/总人口数
		保险赔付率	保险赔付款/保险保费
	绿色投资	节能环保公共支出占比	节能环保支出/财政总支出
	碳金融	区域碳排放贷款深度	区域本外币贷款余额/区域碳排放量

资料来源：2012～2021 年《中国统计年鉴》、2012～2021 年《国家环境统计年鉴》、各市环境公报以及各个省市的统计年鉴。

5.1.2　测算结果分析

测度京津冀城市群绿色金融指标体系不仅需要科学的指标选取，也需要采用客观有效的方法对指标进行赋权。熵值法能够用来判断各个指标的离散程度，采用客观赋权法计算各指标的权重，再将数据与权重进行加权之后可以得到相应结果，这样处理得到的数据更具有客观性。因此，本章采用熵值法测算京津冀地区的绿色金融发展水平，具体过程如下。

（1）无量纲化：由于所选指标的数量级和性质差异较大，为避免因数据差异性过大导致综合指标产生偏差，增强数据的可比性，本章运用熵值法对原数据进行无量纲化处理，具体方法如下：

正项指标标准化：

$$X_{ij}^1 = \frac{X_{ij} - \min(X_{1j}, \cdots, X_{154j})}{\max(X_{1j}, \cdots, X_{154j}) - \min(X_{1j}, \cdots, X_{154j})} \tag{5-1}$$

各项指标标准化：

$$X_{ij}^1 = \frac{\max(X_{1j}, \cdots, X_{154j}) - X_{ij}}{\max(X_{1j}, \cdots, X_{154j}) - \min(X_{1j}, \cdots, X_{154j})} \quad (5-2)$$

其中，i 表示选取的各项指标，j 表示选取的省份地区，x_{ij} 表示原始数据，$\max(x_{ij})$ 表示 x_{ij} 的最大值，$\min(x_{ij})$ 表示 x_{ij} 的最小值，X_{ij} 为 j 地区第 i 项指标标准化后的取值。

（2）计算比重 P_{ij}：确定第 j 个指标下，第 i 个省市占该指标的比重。

$$P_{ij} = \frac{x_{ij}^1}{\sum\limits_{i=1}^{154} x_{ij}^1}, (i = 1, 2, \cdots, 154, j = 1, 2, \cdots, 8) \quad (5-3)$$

（3）计算信息熵值。

$$k = \frac{1}{\ln(154)}, e_j = -k \sum\limits_{i=1}^{154} P_{ij} \times \ln(P_{ij}), (k > 0; e_{ij} \geq 0) \quad (5-4)$$

（4）计算变异系数。

$$d_j = 1 - e_j, (j = 1, 2, \cdots, 8) \quad (5-5)$$

（5）计算评价指标的熵权。

$$\omega_j = \frac{d_j}{\sum\limits_{j=1}^{8} d_j} \quad (5-6)$$

（6）对京津冀城市群绿色金融发展水平进行综合评分。

$$Z_i = \sum\limits_{j=1}^{8} \omega_j \times X_{ij} \quad (5-7)$$

京津冀城市群 13 个城市绿色金融发展水平综合指数的测算结果如表 5-2 所示。

表 5-2　　　　2011～2020 年京津冀城市群 13 个城市绿色金融

发展水平综合指数

城市	2011 年	2012 年	2013 年	2014 年	2015 年	2016 年	2017 年	2018 年	2019 年	2020 年
北京	0.303	0.316	0.339	0.386	0.428	0.421	0.490	0.454	0.465	0.529
天津	0.155	0.162	0.172	0.172	0.212	0.239	0.264	0.246	0.267	0.274

城市	2011 年	2012 年	2013 年	2014 年	2015 年	2016 年	2017 年	2018 年	2019 年	2020 年
保定	0.147	0.175	0.240	0.211	0.215	0.261	0.245	0.306	0.289	0.331
唐山	0.085	0.140	0.132	0.140	0.254	0.285	0.254	0.266	0.258	0.292
廊坊	0.238	0.292	0.312	0.354	0.332	0.275	0.342	0.339	0.384	0.412
石家庄	0.193	0.202	0.244	0.210	0.185	0.205	0.274	0.285	0.330	0.336
秦皇岛	0.126	0.185	0.207	0.186	0.196	0.170	0.148	0.211	0.177	0.227
张家口	0.129	0.290	0.305	0.210	0.359	0.326	0.291	0.286	0.300	0.354
承德	0.143	0.236	0.266	0.330	0.354	0.317	0.342	0.318	0.378	0.455
沧州	0.166	0.209	0.180	0.126	0.227	0.226	0.226	0.322	0.227	0.322
衡水	0.136	0.173	0.184	0.174	0.267	0.278	0.321	0.368	0.400	0.435
邢台	0.201	0.262	0.267	0.270	0.341	0.290	0.267	0.330	0.373	0.421
邯郸	0.190	0.190	0.170	0.217	0.136	0.149	0.150	0.167	0.300	0.307

资料来源：根据 2012~2021 年《中国统计年鉴》、2012~2021 年《国家环境统计年鉴》、各市环境公报以及各个省市的统计年鉴计算得出。

从整体上分析，京津冀城市群绿色金融发展水平存在着一定的地区差异性。从京津冀城市群的绿色金融发展水平的整体趋势上看：除北京市外的 12 个城市的绿色金融发展水平均呈现为波动上升的发展趋势。其中，张家口市、沧州市和邯郸市的绿色金融发展水平发展趋势波动较大，而其余的城市波动较为平缓。

北京在发展绿色金融层面拥有巨大的市场潜力和经济优势，同时在北京近几年出台了多轮政策的支持下，其绿色金融发展水平已取得显著成效。从表 5-2 可知，北京市的绿色金融综合水平自 2011 年起便居于京津冀城市群的首位，并持续十年以相对较高的发展水平保持在京津冀城市群的第一位。而唐山市的绿色金融综合发展水平在京津冀城市群中排名最低，这是因为唐山市作为传统重工业城市，传统工业所占比重较高，污染较为严重。同时，天津市作为京津冀地区发展态势良好的城市，但是其绿色金融发展效果在京津冀地区仍不显著，天津市绿色金融标准体系建设存在滞后性的问题、缺少相应绿色金融激励机制，也缺少创新型金融产品和服务、缺少相关金融型人才。

除上述具体分析的城市外，保定、廊坊、石家庄、秦皇岛等十座城市的绿色金融综合发展水平较为相近，且发展态势较为良好。京津冀地区中，河北省的产业结构仍为"二、三、一"的梯度，第二产业占比过高，第三产业发展不足，但第二产业与第三产业的产值差距已逐步缩小。河北省各市政府逐渐将经济发展重心转为绿色可持续发展，这对河北省各城市绿色金融的发展提供了新动能。

5.2 产业结构升级的中介效应和调节效应

5.2.1 理论假设

绿色金融可以引导资金向环保企业和可再生能源领域倾斜，带动环保产业和可再生能源领域的发展，一方面可以支持和促进环境友好和可持续发展，为经济增长提供更加稳定和持久的动力。另一方面可以创造大量就业机会，促进就业人员素质和技能水平的提升，促进人力资源优化配置。此外，绿色金融的发展可以改善环境，减少污染和资源浪费，大幅提高资源利用效率，为贫困地区创造更多的经济机会和发展空间，从而改善经济不发达地区居民生活水平，有利于降低贫困率，促进机会公平。对于企业来说，通过引入绿色金融的支持，可以实现绿色转型和可持续发展，增强企业的环保和社会责任意识，增强企业的品牌形象和竞争力，在市场竞争中脱颖而出。因此，绿色金融的发展对于经济的包容性增长有着重要的影响。基于此，提出假设：

假设5-1：京津冀城市群绿色金融发展对包容性经济增长具有显著的促进作用。

绿色金融对包容性经济增长影响的作用机制是多元的，本章基于产业结构升级的视角进行深入研究。产业结构升级是指通过技术创新、产业升级和结构调整等手段，推动经济结构向更加现代化、高效和可持续的方向发展。绿色金融的发展可以为绿色产业的发展提供融资支持，促进资金向环保技术、清洁能源、循环经济等领域倾斜，有助于产业结构向绿色、低碳和可持续方向升级。同时，传统产业通过引入环保技术和清洁生产方式，可以提高资源利用效率，降低环境污染，进而实现产业结构的转型和升级。此外，绿色金融的发展有助于产业链的优化和协同发展，在绿色产业链上，各个环节的企业可以通过融资支持和合作机制，实现资源共享、技术创新和市场拓展，形成产业链的良性循环和协同发展，推动整个产业结构向更加高效和协调的方向升级。总体来说，绿色金融发展有助于推动产业向着更加绿色、低碳和可持续的方向发展，提升企业的竞争力和可持续发展能力，促进产业链的优化和协同发展，对产业结构升级有着积极的影响。

传统产业结构往往存在产业集中度高、劳动力参与度低等问题，导致收入分配不均和就业压力增大。随着产业结构的升级，一方面可以促进新兴产业发展，为更多技术工人和高素质人才创造了就业机会，这有助于减少失业率，提高就业率；另一方面，企业对员工的技能和素质要求也会提高，这促使员工不断提升自身技能和知识水平，从而增强整体的人力资本积累，为经济增长提供更加稳固的基础。此外，产业结构升级通常会带动高附加值产业的发展，这些产业往往能够创造更高的收入和利润，通过提高高收入人群的收入水平，可以改善整体的收入分配格局，提高低收入群体的生活水平，缩小贫富差距。产业结构升级还会带动相关产业和服务业的发展，会出现更多的社会保障机制和福利政策，改善社会公共服务水平，为劳动者提供更好的保障，从而整体上提高社会保障和福利水平，有利于促进经济增长的包容性。总体来说，产业结构升级能够促进就业机会增加、技能提升、收入分配改善和社会保障福利提升，从而实现经济增长的更加广泛和平衡的效果，对包容性经济增长具有较为积极的影响。

基于以上分析，产业结构升级在绿色金融对包容性经济增长影响过程中可能存在着中介传导的作用，提出假设：

假设 5－2：京津冀城市群绿色金融可以通过推动产业结构高级化来促进包容性经济增长。

假设 5－3：京津冀城市群绿色金融可以通过推动产业结构合理化来促进包容性经济增长。

一方面，绿色金融可以推动产业结构升级。随着全球气候变化和环境污染问题日益严重，各国都在加大对绿色产业的支持和投入力度。绿色金融作为支持绿色产业发展的重要手段，可以为企业提供低成本的融资支持，帮助企业加快技术创新和产业升级的步伐，推动传统产业向绿色产业转型升级。另一方面，绿色金融的发展也可能会加剧产业结构调整过程中的不平等现象，导致一些传统产业工人失业或收入下降，加剧社会的不稳定性。短期内，绿色金融的发展也可能会导致一些新兴产业的垄断现象，加剧产业集中度，限制了其他企业和劳动力的参与度，影响了包容性增长的实现。

综上所述，产业结构升级在绿色金融影响包容性增长的过程中可能具有正向或负向的调节效应，提出假设：

假设 5－4：京津冀城市群，产业结构升级在绿色金融影响包容性经济增长的过程中具有正向调节作用。

假设 5－5：京津冀城市群，产业结构升级在绿色金融影响包容性经济增长的过程中具有负向调节作用。

因此本章以京津冀都市圈为研究对象，涵盖北京、天津两市及河北境内的保定、唐山、廊坊、石家庄、秦皇岛、张家口、承德、沧州、衡水、邢台、邯郸共 11 座城市，总计 13 个城市。鉴于数据的完整性和可靠性，选取了 2011～2020 年跨度为 10 年的数据集。为量化绿色金融发展状况，运用熵值法构建了绿色金融评价指标体系。同时，借助主成分分析法提炼出包容性经济增长的核心指标，旨在探究绿色金融活动对包容性经济增长的潜在影响。此外，依据中国经济区域数据库提供的数据，计算出各城市的产业结构高级化与合理化指数，以此构建产业结构升级指标。该指标将用于深入分析产业结构升级在绿色金融影响包容性经济增长过程中可能发挥的中介效应与调节效应，并为后面的空间溢出模型做实证理论支撑。

5.2.2 指标选取

（1）包容性经济增长：被解释变量。本章从经济发展、生态环境效益、机会公平以及社会效益四个维度出发，通过环保专利、能源使用量、收入水平、获得基础设施机会等 10 项二级指标以及专利申请授权数、分地区电力消费量 32 项三级指标，构建京津冀城市群包容性经济增长指标体系。

（2）绿色金融：核心解释变量。以 5 项二级指标和 8 项三级指标构建绿色金融发展指标体系，运用熵值法进行综合测度。

（3）产业结构升级指标：中介变量以及调节变量。产业结构升级是指通过系统性调整和优化产业结构，促使其实现更高竞争力、更强创新性以及更具可持续性的发展路径。这一过程主要由两个关键策略引导推进，即产业结构高级化和产业结构合理化。首先，产业结构高级化的实质在于推动产业结构向具有更高附加值、更高技术内涵、更高创新属性的方向演变。其核心目标在于驱动宏观经济构架朝向更具竞争力与持久发展潜力的方向转型升级，具体表现为大力发展诸如高新技术产业、知识密集型产业、现代服务业等价值创造能力突出的领域，有力促进各产业层次的整体跃升与形态革新。其次，产业结构合理化则是基于市场需求脉动、资源禀赋状况以及国家战略导向，对产业结构进行科学配置与适时调整，旨在实现各产业间均衡协同发展与协同效应最大化。其重点在于优化各类产业在国民经济中的比重分配与空间布局，确保产业间协调并进，有效防止产业过度集聚或过度离散现象，从而提升整个经济系统的综合效益与社会福祉。综上所述，产业结构高级化与产业结构合理化作为现代经济演进中的重大战略部署，对提升一国经济的国际竞争力、创新能力及可持续发展能力具有深远影响。它们有助于经济体更好地顺应全球经贸环境变迁与市场需求动态，实现经济增长与社会进步的双重目标。

为量化衡量产业结构升级，本章采用"产业结构高级化指标"与"产业结构合理化指标"作为中介变量与调节变量。产业结构高级化指标通过一、二、三产业产值比重综合计算得出，产业结构合理化指标直接运用中国经济区域数据库所计算得出的产业结构合理化指数（泰尔指数），为深入探讨产业结构升级水平提供了合理的数据支持。

5.2.3　中介效应模型选择与估计

将产业结构升级设置为中介变量，进而构建绿色金融发展、产业结构升级与包容性增长的中介效应模型，测算京津冀城市群产业结构升级在绿色金融促进包容性增长过程中的中介作用。构建模型如下：

$$Y_{ij} = \beta_0 + \beta_1 X_{ij} + u_i \qquad (5-8)$$

$$M_1 = \beta_0 + \beta_2 X_{ij} + u_i \qquad (5-9)$$

$$M_2 = \beta_0 + \beta_5 X_{ij} + u_i \qquad (5-10)$$

$$Y_{ij} = \beta_0 + \beta_3 X_{ij} + \beta_4 M_1 + u_i \qquad (5-11)$$

$$Y_{ij} = \beta_0 + \beta_6 X_{ij} + \beta_7 M_2 + u_i \qquad (5-12)$$

$$Y_{ij} = \beta_0 + \beta_8 X_{ij} + \beta_9 M_1 + \beta_{10} M_2 + u_i \qquad (5-13)$$

其中，Y_{ij} 表示第 i 个城市，第 j 年的包容性增长得分。X_{ij} 表示第 i 个城市，第 j 年的绿色金融得分。M_1、M_2 分别代表产业结构高级化指数和产业结构合理化指数。

5.2.4 实证结果分析

使用 Stata17 完成相关回归分析，Hausman 检验结果显示 P 值为 0.000 < 0.1，故本章选用固定效应模型构建中介模型，测算结果如表 5 - 3 所示。

表 5 - 3 中介效应回归结果

变量		模型 1	模型 2	模型 3	模型 4	模型 5	模型 6
		包容性增长	M₁	M₂	包容性增长		
产业结构升级	高级化				0.393 ** (-0.178)		0.37 ** (-0.183)
	合理化					-0.176 (-0.172)	-0.97 (-0.174)
绿色金融		1.408 *** (-0.157)	0.527 *** (-0.08)	-0.004 (-0.085)	1.201 *** (-0.18)	1.407 *** (-0.157)	1.212 *** (-0.182)
R^2（拟合优度）		0.186	0.191	0.009	0.497	0.335	0.552
F 统计量		80.78 ***	43.04 ***	0	44.18 ***	40.94 ***	29.39 ***

注：* $p < 0.1$，** $p < 0.05$，*** $p < 0.01$，括号中为 t 值。

根据结果可知：在模型 1 中绿色金融对包容性增长在 1% 的显著水平上有正向影响，系数为 1.408。在模型 2 中绿色金融对产业结构高级化具有显著的影响，系数为 0.527。在模型 4 中，产业结构高级化与绿色金融同时进入以包容性增长为因变量的回归方程中时，绿色金融对包容性增长的影响仍然显著，但系数下降为 1.201。且模型 4 的 R^2（拟合优度）为 0.497，明显大于模型 1 中的 0.186，拟合效果良好，解释力更高。由此说明产业结构高级化对包容性增长起到了部分中介的作用。

在所有模型中，绿色金融对产业结构合理化均没有显著影响。进而进行 Sobel 检验，检验结果不显著。因此，产业结构合理化中介不显著。

5.3

产业结构升级的调节效应

经研究发现，产业结构合理化并不具有中介作用，进而探究其是否存在调节效应。测算京津冀城市群绿色金融发展在促进包容性增长的过程中，产业结构合理化是否能充分发挥应有的经济宏观调节作用。

5.3.1 调节效应模型选择与估计

将产业结构合理化指数设置为本模型的调节变量，并引入产业结构合理化的交互项（绿色金融×产业结构合理化）。并构建调节效应模型：

$$Y = \beta_0 + \beta_1 X + u_i \tag{5-14}$$

在模型的基础上引入中介变量 M_1

$$Y = \beta_0 + \beta_2 X + \beta_3 M_1 + u_i \tag{5-15}$$

在模型的基础上引入调节变量 M_2

$$Y = \beta_0 + \beta_4 X + \beta_5 M_1 + \beta_6 M_2 + u_i \tag{5-16}$$

在此模型的基础上引入 M_2 的交互项（绿色金融×产业结构合理化）

$$Y = \beta_0 + \beta_7 X + \beta_8 M_1 + \beta_9 M_2 + \beta_{10} M_2 \times X + u_i \tag{5-17}$$

5.3.2 实证结果分析

如表 5-4 的回归结果所示，在模型 7 中，绿色金融与产业结构合理化的交互项对包容性增长产生了显著的负向影响，其回归系数为 -4.083，在 1% 的水平上显著。此外，模型的 R^2（拟合优度）为 0.671，较模型

6 的 0.552 有显著提高，这表明引入产业结构合理化的调节作用后，模型的解释力得到了显著增强。因此，产业结构合理化在模型中起到了显著的调节作用，而其在中介效应中的显著性并不明显，从而将其界定为调节变量。换言之，包容性增长与绿色金融之间的关系受到调节变量——产业结构合理化的影响。根据表 5-4 数据，可以观察到，调节变量的交互项每增加 1 个单位，因变量包容性增长相应减少 4.083 个单位。

表 5-4 调节效应回归结果

变量		模型 7
		包容性增长
绿色金融		2.563 *** (-0.268)
产业结构升级	高级化	0.407 ** (-0.159)
	合理化	0.884 *** (-0.218)
交互项（绿色金融×产业结构合理化）		-4.083 *** (-0.655)
R^2（拟合优度）		0.671
F 统计量		39.04 ***

注：* $p < 0.1$，** $p < 0.05$，*** $p < 0.01$，括号中为 t 值。

为了更加清楚地解释产业结构合理化在包容性增长和绿色金融之间的调节效应，本章绘制了二次项调节作用图。观察在不同控制水平调节下，绿色金融对包容性增长的调节效应如图 5-1 所示。

实验结果显示，在产业结构合理化水平较低的情况下，绿色金融的发展水平与包容性增长之间存在显著的正相关关系。具体而言，当产业结构合理化程度不高时，绿色金融水平的提升能够有效促进包容性增长，而产业结构合理化与绿色金融的交互作用并未对这一正向关系产生方向性的改变。结果表明京津冀城市群在发展过程中存在的不平衡问题，即绿色金融发展尚处于初级阶段，其中北京市的绿色金融发展迅速，而河北省和天津市则相对滞后。此外，这一结果也反映出京津冀地区的发展模式较为单一，产业结构合理性不足，这可能是制约区域包容性增长的关键因素。

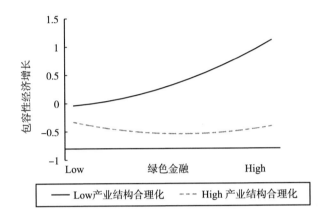

图 5 - 1　二次项调节作用结果

当产业结构合理化水平较高时，本书发现产业结构合理化与绿色金融的交互项对包容性增长的促进作用显著增强。在此情况下，产业结构合理化的提升不仅本身对包容性增长具有积极影响，而且通过与绿色金融的交互作用，进一步放大了绿色金融对包容性增长的促进作用。结果表明在产业结构合理化处于较高水平时，绿色金融的发展能够得到有效促进，两者的协同作用对于推动包容性增长具有重要意义。

5.4
稳健性检验

5.4.1　替换核心解释变量

重新选取绿色信贷、绿色投资、绿色保险、绿色债券、绿色支持、绿色基金、绿色权益7项二级指标构建绿色金融指标,搜集整理京津冀城市群 2011～2021 年相关数据,运用熵值法构建新绿色金融综合得分,将绿色金融新指标带入模型(1)和模型(2)进行实证检验,来验证模型的稳健性。表 5 - 5 报告了检验结果。

表 5 - 5 替换核心解释变量的稳健性检验

变量	(1)	(2)
	ieg	ieg
gf_xin	2.972 *** (20.84)	1.808 *** (4.85)
$pgdp$		0.467 ** (2.92)
gov		0.261 (1.30)
$lind$		-0.054 (-0.67)
edu		-0.153 ** (2.87)
Year	是	是
R^2	0.755	0.802
F 统计量	39.68 ***	37.02 ***

注:$*p<0.1$,$**p<0.05$,$***p<0.01$,括号中为 t 值。

模型(1)结果显示,绿色金融的回归系数为 2.972,在 1% 的水平上显著为正,模型(2)加入控制变量后,结果显示,绿色金融的回归系数为 1.808,在 1% 的水平上仍然显著为正,表明京津冀城市群绿色金融对包容性经济增长具有显著的促进作用,模型拟合度 R^2 为 0.802,拟合度较好,结论与替换之前的一致,说明模型具有稳健性,即在京津冀城市群范围内,绿色金融的发展对经济的包容性增长具有显著的促进作用。

5.4.2 滞后一期核心解释变量

将核心解释变量绿色金融滞后一期,重新对模型(1)和模型(2)

进行实证检验，表 5 - 6 报告了实证结果。

表 5 - 6   滞后一期核心解释变量的稳健性检验

变量	(1)	(2)
	ieg	ieg
gft - 1	3.966 *** (5.24)	1.805 *** (4.40)
pgdp		0.917 *** (8.00)
gov		0.844 *** (6.38)
lind		0.188 ** (3.03)
edu		0.186 *** (3.40)
Year	是	是
R^2	0.166	0.797
F 统计量	2.55 **	35.54 ***

注：* $p < 0.1$，** $p < 0.05$，*** $p < 0.01$，括号中为 t 值。

模型（1）结果显示，绿色金融的回归系数为 3.966，在 1% 的水平上显著为正，模型（2）加入控制变量后，结果显示，绿色金融的回归系数为 1.805，在 1% 的水平上仍然显著为正，说明模型具有稳健性，综上可以证明，京津冀城市群范围内，绿色金融的发展可以促进经济的包容性增长。

5.5 | 本章小结

（1）在当前全球经济转型和环境保护的双重压力下，绿色金融作为一种创新性的金融模式，其对包容性增长的影响作用如何已成为学术界的探讨焦点。本实验研究结果表明，绿色金融通过提供资金支持和技术创新激励，有助于推动京津冀城市群的经济发展向环境友好和资源高效利用方向转变。然而，区域内部绿色金融发展的不均衡性，尤其是河北省与天津市相较于北京市的明显落后，已经成为制约区域包容性增长的关键因素。为了缓解这一状况，亟须制定和实施一系列区域性的绿色金融发展战略，如建立跨区域绿色金融合作机制、推广绿色金融试点项目、以及制定差异化绿色金融政策，以促进绿色金融资源的均衡分配和高效利用，进而实现区域内经济的协同和包容性增长。

（2）产业结构高级化在绿色金融促进包容性增长的过程中发挥着不可或缺的中介作用。绿色金融通过引导资金流向，不仅促进了清洁能源、节能环保等绿色产业的发展，而且推动了产业结构向技术密集、价值链高端攀升，这一过程对于提升经济增长的内涵和质量具有显著影响。随着绿色金融发展水平的不断提升，产业结构的优化和升级趋势越发明显，从而为包容性增长提供了强有力的支撑。为此，应推动相关政策出台，如设立绿色产业投资基金、提供绿色技术创新补贴，以及实施税收优惠政策，以加速产业结构的高级化，进一步放大绿色金融对包容性增长的正面效应。

（3）产业结构合理化在绿色金融影响包容性增长的过程中起到了重要的调节作用。实验结果表明，产业结构合理化水平的提高能够显著增强绿色金融与包容性增长之间的正向关联。在高水平产业结构合理化的条件下，绿色金融与产业结构的交互作用更加有效地促进了资源的优化配置和环境的可持续性，从而推动了经济的包容性增长。因此，为了充分发挥产业结构合理化的调节功能，应当深入研究并制定相应的产业政策，如推动产业协同发展、优化产业空间布局，以及建立绿色金融与产业结构合理化的联动机制，以此促进绿色金融体系的完善和产业结构调整的深化，为区域经济的包容性增长提供坚实的理论和实践基础。

第6章

绿色金融发展影响包容性
增长的空间溢出效应

本章旨在探讨绿色金融发展对包容性增长的空间溢出效应。首先，基于包容性增长的理论框架，构建了空间滞后模型、空间误差模型以及空间杜宾模型，以观察绿色金融发展在地理空间上的分布特征及其对包容性增长的影响。其次，采用全局莫兰指数对研究数据的空间相关性进行了检验，以确认是否存在空间自相关现象，为后续模型选择提供依据。

在模型设定方面，本章通过 Hausman 检验对固定效应模型与随机效应模型进行了选择，最终确定了固定效应模型以控制个体效应，从而避免可能出现的内生性问题。在对比分析了三种空间计量模型的实证结果后，本章依据模型的拟合优度，选择了空间杜宾模型作为最终的实证分析模型。空间杜宾模型不仅考虑了自变量对因变量的直接影响，还纳入了空间滞后项，以反映变量在地理空间上的相互作用。

为了深入解析绿色金融发展对包容性增长的具体影响机制，本章进一步将空间杜宾模型分解为直接效应、间接效应和总效应。直接效应反映了绿色金融发展对本地区包容性增长的直接影响；间接效应（空间溢出效应）则揭示了绿色金融发展对邻近地区包容性增长的空间传递作用；总效应则是直接效应与间接效应的综合体现。

6.1

模型设定

6.1.1 包容性增长模型

根据前面分析的中介效应可知，本模型将包容性增长发展水平设置为被解释变量，绿色金融发展水平、产业结构相关指数为解释变量。同时通过分析产业结构合理化的调节作用，选择加入产业结构合理化指数与绿色金融发展水平的交互项为解释变量。最终所设定的包容性增长模型为：

$$IGI_{ij} = \beta_1 + \beta_2 \, GF_{ij} + \beta_3 \, AIS_{ij} + \beta_4 \, RSP_{ij} + \beta_5 \, GF_{ij} \times RSP_{ij} + \mu_{ij} \quad (6-1)$$

其中，IGI 表示包容性增长，GF 表示绿色金融发展水平，AIS 表示产业结构高级化指数，RSP 表示产业结构合理化指数。本章在此模型基础上加上空间滞后项构建空间计量模型。

6.1.2 空间计量模型

根据设定空间效应不同，典型的空间计量模型主要有空间滞后、空间误差以及空间杜宾模型三种。三种模型基本形式如下：

空间滞后模型： $\quad y = \rho W y + \beta x + \varepsilon \quad\quad\quad\quad (6-2)$

空间误差模型： $\quad y = \beta x + \lambda W u + \varepsilon \quad\quad\quad\quad (6-3)$

空间杜宾模型： $\quad y = \rho W y + \beta x + \gamma W x + \varepsilon \quad\quad (6-4)$

6.1.3 空间权重矩阵

考虑区域间的经济差异会对地区空间依赖和辐射产生影响，经济发展水平相近的地区可能具有相似的经济运行模式，因而具有较强的空间关联性，本章采用两个城市人均 *GDP* 的差额绝对值的倒数来反映经济空间权重矩阵。

$$W = \begin{cases} \dfrac{1}{\left| \overline{GDP_i} - \overline{GDP_j} \right|}, \overline{GDP_i} \neq \overline{GDP_j} \\[3mm] 0, \overline{GDP_i} = \overline{GDP_j} \end{cases} \qquad (6-5)$$

6.2

实证检验

6.2.1 空间相关性检验

在进行空间计量分析之前，首先对京津冀城市群包容性增长的空间相关性进行检验，旨在验证样本数据之间是否存在空间上的相互作用，从而揭示其空间分布特征。若空间相关性得到证实，则后续的计量分析应当采用空间计量模型来捕捉和解释这种空间依赖性。在本章的研究中，为了检验全局空间相关性，我们采用了 *Moran's I* 指数作为分析工具。

Moran's I 指数是一种广泛应用于空间统计中的指标，它能够量化空间单元与其邻近单元属性值之间的相似性，从而判断整个研究区域内的空间自相关程度。具体而言，*Moran's I* 指数的取值范围介于 -1 到 1 之间，正值表示空间正自相关性，即相似的属性值倾向于在空间上聚集；负值表示空间负自相关性，即相似的属性值倾向于在空间上分散；而接近 0 的值则表明属性值在空间上随机分布，不存在显著的空间自相关。

在本章中，我们计算了 *Moran's I* 指数，并对其进行了统计显著性检验。如果检验结果显示 *Moran's I* 指数显著不为零，则表明研究数据中存在显著的空间自相关性，因此，采用空间计量模型进行后续分析将是适宜的选择。故本章采用 *Moran's I* 指数来检验全局空间相关性。具体参照公式（6-6）：

$$
Moran's\ I = \frac{\sum_{i=1}^{n} \sum_{j=1}^{n} W_{ij}(Y_i - \bar{Y})(Y_j - \bar{Y})}{S^2 \sum_{i=1}^{n} \sum_{j=1}^{n} W_{ij}} \tag{6-6}
$$

其中，$S^2 = \frac{1}{n} \sum_{i=1}^{n}(Y_i - \bar{Y})$ 为样本方差，$\bar{Y} = \frac{1}{n} \sum_{i=1}^{n} Y_i$ 为样本均值，Y_i 表示第 i 个地区的观测变量，n 代表区域总个数，本章选取京津冀城市群 13 个城市，n 最大达 13，W_{ij} 是第 i 行第 j 列的元素，表示空间是否相邻的相互关系。

利用 *Moran's I* 指数对京津冀城市群包容性增长进行空间相关性检验，检验结果如表 6-1 所示。

表 6-1　　　　　　京津冀城市群包容性增长的 *Moran's I* 指数

年份	*Moran's I*	临界值 z	p 值
2011	0.065	1.357	0.087
2012	0.074	1.476	0.070
2013	0.098	1.685	0.046
2014	0.105	1.721	0.043
2015	0.104	1.743	0.041
2016	0.085	1.703	0.044
2017	0.092	1.697	0.045
2018	0.123	1.926	0.027
2019	0.114	1.805	0.036
2020	0.134	1.896	0.029

各年份的 *Moran's I* 指数均呈现出正值，且在研究期间内保持了一定的波动性。其中 *Moran's I* 指数为正表明，京津冀城市群的包容性增长水平在空间上呈现出显著的正自相关性，即经济增长水平相似的地区在空间分布上呈现出集聚现象。这种空间集聚模式表明，经济增长并非随机分布，而是受到地理位置和区域间相互作用的影响。具体而言，通过对

比各年份的 *Moran's I* 指数与其对应的临界值 z，可以得出研究期间内的 z 值均显著大于临界值，且 p 值普遍小于 0.05 的显著性水平，即统计结果在 5% 的水平上拒绝了空间自相关性为零的原假设。从而确认了京津冀城市群包容性增长的空间正自相关性具有统计学上的显著性。

从时间序列的角度分析，*Moran's I* 指数在 2011～2020 年呈现出上升趋势，尤其是在 2018～2020 年这一阶段，指数值达到顶峰。这一现象表明，京津冀城市群包容性增长的空间集聚现象在研究的后期阶段有所加强，反映出了京津冀区域一体化政策效应的累积以及区域内部经济活动的协同发展。

6.2.2 固定效应与随机效应的检验

选取的数据是从 2011～2020 年京津冀城市群 13 个地级市的数据，根据相关理论，利用 Stata17 软件对京津冀城市群面板数据进行 Hasuman 检验，如表 6-2 所示，Hausman 检验结果 $p < 0.01$，通过 1% 的显著性水平，表明拒绝原假设 H_0：选用随机效应模型，因此选定固定效应模型。

表 6-2　　　　　　　　　　　**Hausman 检验结果**

原假设	Hausman 检验	P 值
采用随机效应模型	21. 47	0. 0007

6.3

实证结果分析

6.3.1 三种空间模型估计结果比较

为进一步研究绿色金融发展水平对京津冀包容性增长的作用，计算出三种模型回归结果，将三种模型估计结果进行比较如表6-3所示。

表6-3 　　　　　　　三种空间模型面板回归估计结果

变量	空间误差模型	空间滞后模型	空间杜宾模型
GF	2.236 *** (6.86)	2.065 *** (9.17)	1.246 *** (5.04)
AIS	0.320 (1.32)	0.063 (0.46)	-0.827 *** (-3.43)
RSP	1.001 *** (5.37)	0.936 *** (5.42)	0.364 ** (2.06)
GR × RSP	-4.010 *** (-7.23)	-4.103 *** (-7.91)	-2.269 *** (-4.05)
W × GF			-0.625 (-1.41)
W × AIS			1.125 *** (4.22)
W × RSP			-1.711 *** (-4.00)
W × GR × RSP			4.217 *** (3.20)
R^2	0.568	0.596	0.727
观察值	130	130	130

注：* $p<0.1$，** $p<0.05$，*** $p<0.01$，括号中为 t 值。

在三种模型对比中，绿色金融发展水平（GF）的系数均为正，且在 1% 的水平上显著，这表明绿色金融发展水平对京津冀城市群的包容性增长具有显著的促进作用。空间误差模型、空间滞后模型和空间杜宾模型中 GF 的系数分别为 2.236、2.065 和 1.246，表明绿色金融每提高一个单位，将分别促进包容性增长 2.240 个、2.060 个和 1.250 个单位。

产业结构调整（AIS）的系数在空间误差模型和空间滞后模型中不显著，但在空间杜宾模型中显著为负（-0.827），即产业结构调整每提高一个单位，将降低包容性增长 -0.827 个单位。在考虑空间效应的情况下，产业结构调整对包容性增长可能存在负面影响。

区域创新水平（RSP）的系数均为正，且都具有较高的显著水平，这表明区域创新水平对京津冀城市群的包容性增长具有显著的促进作用。空间误差模型、空间滞后模型和空间杜宾模型中 RSP 的系数分别为1.001、0.936和0.364，表明区域创新水平每提高一个单位，将分别促进包容性增长1.001个、0.936个和0.364个单位。

绿色金融发展水平的交互项（$GR \times RSP$）在三种模型中均为负且在1%的水平上显著，空间误差模型、空间滞后模型和空间杜宾模型中 $GR \times RSP$ 的系数分别为 -4.010、-4.103 和 -2.269。

空间杜宾模型中的空间滞后项系数表明，绿色金融发展水平、产业结构调整、区域创新水平及其交互项均存在显著的空间溢出效应。具体来说，$W \times GF$ 的系数为负，说明本地区绿色金融发展对周边地区包容性增长具有抑制作用；而 $W \times AIS$ 和 $W \times RSP$ 的系数分别为正和负，表明产业结构调整和创新水平对周边地区包容性增长具有正向和负向溢出效应；$W \times GR \times RSP$ 的系数为正，说明绿色金融与创新水平的交互作用对周边地区包容性增长具有促进作用。

最后，从模型的拟合优度（R^2）来看，空间杜宾模型的 R^2 值最高，为0.727，明显高于另外两种模型的拟合效果，说明该模型对数据的解释能力最强，空间效应的考虑对于揭示绿色金融与包容性增长之间的关系具有重要意义，故选用空间杜宾模型进行实证分析。

6.3.2　空间杜宾模型结果分析

具体到空间杜宾模型结果分析，由表6-3结果可知，绿色金融发展水平的估计系数为1.246（$p < 0.01$），结果表明，在控制其他变量的情况下，绿色金融发展水平的一个标准单位提升，将直接导致京津冀城市群包容性增长指数的提高约1.246个标准单位，即绿色金融在推动区域包容性增长中的重要作用。

对于产业结构高级化指标,其回归系数为 -0.827（p < 0.01）,揭示了产业结构高级化过程对包容性增长的潜在负面效应。在控制其他变量的情况下,每单位的产业结构高级化提升可能会导致包容性增长减少约 0.827 个单位,表明在追求产业结构升级的同时,需要考虑到其对经济增长包容性的潜在影响。

产业结构合理化指标的回归系数为 0.364（p < 0.05）,产业结构合理化的提升对于促进包容性增长具有积极影响。在控制其他变量的情况下,每单位的产业结构合理化改善,预计将促进包容性增长提高约 0.364 个单位,结果表明了优化产业结构在实现经济增长包容性方面的价值。

从自变量空间滞后估计结果看,产业结构高级化的空间滞后项系数为 1.125（p < 0.01）,表明了产业结构高级化对周边地区包容性增长的正向空间溢出效应。这一结果得出,产业结构高级化不仅对本地区经济增长有影响,还能显著促进周边地区的包容性增长,其外部效应超过了内部负向影响。

相反,产业结构合理化的空间滞后项系数为 -1.711（p < 0.01）,表明其对周边地区包容性增长产生了显著的负向空间效应,产业结构合理化在区域间的竞争可能对邻近地区的经济增长产生不利影响。

绿色金融指标的空间滞后结果不显著,表明绿色金融的发展并未在空间上产生显著的溢出效应,其对包容性增长的促进作用主要局限于本地范围内。

6.3.3 空间溢出效应及分解

在章节 6.3.1 中基于各种空间计量模型进行对比分析,最终选择空间杜宾模型,但模型的系数不能直接反映解释变量对被解释变量的影响,所以基于空间杜宾模型利用 Stata 软件计算出京津冀城市群包容性增长各个要素的直接效应、间接效应、总效应如表 6-4 所示。

表 6 – 4	空间杜宾模型效应分解结果		
变量	直接效应	间接效应	总效应
GF	1.247 *** (4.41)	– 0.116 (– 0.15)	1.131 (1.20)
AIS	– 0.735 *** (– 3.42)	1.270 *** (4.14)	0.535 ** (2.22)
RSP	0.184 (0.88)	– 2.495 *** (– 3.09)	– 2.311 ** (– 2.40)
GF × RSP	– 1.902 *** (– 2.67)	5.146 ** (2.03)	3.244 (1.04)

注：*$p < 0.1$，**$p < 0.05$，***$p < 0.01$，括号中为 t 值。

本章选取了多个变量，其中，直接效应指本地区自变量对地区因变量的平均影响；间接效应则表示其他地区自变量对本地区因变量的平均影响；而总效应则代表本地区自变量对京津冀城市群所有地区总的影响。通过空间杜宾模型的分析，可以清晰地了解各要素的溢出情况，如表 6 – 4 所示。

在直接效应方面，GF 系数为正，表明绿色金融对本地区包容性增长产生积极作用。AIS 和 GF × RSP 的系数为负，表明产业结构高级化和交互项对本地区包容性增长产生消极作用。此外，RSP 所对应的 p 值不显著，说明产业结构合理化对本地区包容性增长没有影响。相反，绿色金融对本地区包容性增长具有显著影响，其在 1% 的水平上显著，对包容性增长的直接影响比较大。这表明，京津冀地区可以通过发展绿色金融来促进包容性增长的提高。

在间接效应方面，AIS 和 GF × RSP 的系数为正，表明产业机构高级化和交互项的溢出对邻近地区的包容性增长产生积极作用，这种正向的空间溢出效应是积极的。相反，RSP 的系数为负，并且在 1% 的水平上显著，表明产业结构合理化和经济距离的影响在对邻近地区的溢出中产生消极的影响，这种负向的空间溢出效应是不利的。然而，绿色金融 GF 并不具有空间溢出效应，其对邻近地区的包容性增长没有显著影响。

在总效应方面，表6-4中绿色金融和交互项所对应的p值均不显著，表明其对于京津冀城市群均不具有显著影响。产业结构高级化所对应系数为正，表明其对京津冀城市群包容性增长具有积极作用；而产业结构合理化则相反，对京津冀城市群包容性增长具有消极作用。这表明，京津冀城市群包容性增长的发展需要通过调整产业结构升级，使其向高级化趋势发展，有助于京津冀城市群包容性增长的发展。

6.4 本章小结

本章在包容性增长的理论框架下，构建了空间滞后模型、空间误差模型以及空间杜宾模型，旨在探究绿色金融在地理空间分布的特性及其对包容性增长的影响机制。通过对包容性增长进行全局 *Moran's I* 指数检验，确认了数据集存在显著的空间自相关性，为采用空间计量经济学方法提供了理论依据。

在模型选择上，经过 Hausman 检验，本章采纳了固定效应模型以消除个体非观测固定效应可能导致的内生性问题。通过对比分析三种空间计量模型的实证结果，空间杜宾模型的拟合优度结果最好，即选用空间杜宾模型进行建模分析。空间杜宾模型不仅考虑了自变量对因变量的直接效应，还纳入了空间滞后项，从而全面揭示了变量间的空间互动关系。

在选择空间杜宾模型后，本章进一步对空间杜宾模型进行了效应分解，包括直接效应、间接效应和总效应，以细致解析绿色金融发展对京津冀城市群包容性增长的具体作用路径。实证结果显示，绿色金融发展水平对京津冀城市群包容性增长具有显著的推动作用，而产业结构的高级化则呈现出一定的抑制效应，同时，产业结构的合理化对促进包容性增长具有正面影响。

在空间溢出效应的分析中，本章发现产业结构高级化对于邻近区域的包容性增长产生了正向的外部效应，产业结构的合理化则表现出负向的空间外溢效应。而绿色金融的发展并未在空间维度上展现出显著的外部性，其对包容性增长的促进主要局限于本地范围。

综上所述，本章的研究成果为深入理解京津冀城市群绿色金融与产业结构优化的互动关系提供了实证支撑。研究指出，绿色金融和产业结构的合理化对于推动包容性增长具有关键作用，同时空间溢出效应的存在也强调了区域协同发展策略的重要性。因此，未来的政策制定和区域发展规划应当充分考虑这些溢出因素，以促进京津冀城市群经济的均衡与持续发展。

第**7**章

包容性绿色增长绩效评价指标体系构建及统计测度

京津冀地区是区域协同发展的核心区域，在我国经济由传统模式向高质量发展转型的重要节点，正在努力发展成为中国式现代化建设的先行区、示范区，逐步从传统的经济增长模式转向包容性绿色发展的新模式。经济、社会、环境是推动高质量发展的关键要素，京津冀地区作为中国经济的重要增长极，发展模式必须向绿色、低碳、循环方向转型。进行包容性绿色增长绩效评价，不仅关注经济增长速度，更注重经济增长的质量和环境效益，能够客观反映京津冀地区在绿色增长方面的成效、不足，以及发展潜力，为制定更加科学合理的区域发展战略提供重要参考，以保持经济增长的同时，有效控制和减少环境污染，实现经济与环境的协调发展。在此背景下，本章以京津冀地区 13 个城市 2010 ~ 2022 年 14 个三级指标的面板数据为基础，通过系统梳理现有文献，参考相关研究成果，在深入理解包容性绿色增长绩效内涵的基础上，借助考虑非期望产出的 Super-EBM 模型，融合 GML 指数，对京津冀地区（不包含河南安阳）13 个城市的包容性绿色增长绩效进行全面、科学的统计测度与评价，并分析上述城市在包容性绿色增长绩效水平空间分布格局。

7.1

京津冀地区包容性绿色增长绩效的评价指标体系构建

包容性绿色增长绩效的评价是一个包含经济、社会和环境等多个关联维度的复杂的、极具综合性的问题，在深入梳理经典文献和权威机构观点的基础上，遵循包容性绿色增长的理论内涵，充分考虑理论依据、政策导向、实践需求等多个方面，本章借鉴了田逸尘（2021）在探讨长江经济带包容性绿色增长测度评价及影响因素时所采用的研究思路，并参考了谢琳霄（2023）在测度黄河流域包容性绿色增长水平测度及差异分析中使用的研究方法和实证模型。

7.1.1 包容性绿色增长绩效的概念

包容性绿色增长的核心在于既要绿色和包容，又要增长，强调"包容""绿色""增长"三者协调并举和不可偏废，坚持以人民为中心的发展思想和人与自然和谐共生的发展理念，重新诠释经济、社会与环境三者的关系问题，促进社会公平正义，扭转资源环境困局，在发展中保障和改善民生。包容性绿色增长绩效是衡量上述发展方式成效的关键指标，衡量的是在经济活动中如何在追求经济增长的同时，确保社会公平和环境可持续性。目前对其概念尚未形成统一的解释，学术界共识的观点是包容性绿色增长意味着社会经济可持续性发展的同时兼顾绿色增长和包容性增长。在此基础上，参考陈明华（2023）等关于京津冀地区包容性绿色增长绩效评价指标体系构建的文章，以"绿色化"与"包容性"为核心，将包容性绿色增长绩效理解为在推动经济增长的同时，能否有效促进社会公平、环境保护和资源循环利用的综合指标。不仅关注经济产出的数量，更重视经济发展的质量，以及这种发展对社会和环境的长期影响。

7.1.2　京津冀地区包容性绿色增长绩效评价指标体系构建

遵循全面性、科学性、可操作性、协调性、可持续性和政策导向性等原则，参考田逸尘（2021）等用于评价包容性绿色增长绩效的高频指标，基于投入产出角度，构建如表 7 - 1 所示的包含 14 个三级指标的评价体系。

表 7 - 1　　　　京津冀地区包容性绿色增长绩效水平评价指标体系

类型	一级指标	二级指标	三级指标	单位	性质
投入指标	资本投入	固定资产投资净值	全社会固定资产投资总额	亿元	+
	人力投入	单位从业人员数	年末单位从业人员数	万人	+
	能源投入	能源消耗量	城市年度能源消耗总量	总吨标准煤	+
产出指标	期望产出	经济效益	地区生产总值	亿元	+
		社会效益	医生数	人	+
			医疗卫生机构床位数	张	+
			每万人在校大学生数	人	+
			城镇职工基本养老保险参保人数	万人	+
			城镇职工基本医疗保险参保人数	万人	+
			失业保险参保人数	万人	+
			公共图书馆藏书量	万册	+
	非期望产出	环境污染	工业废水排放量	万吨	−
			工业二氧化硫排放量	吨	−
			工业粉尘排放量	吨	−

注："＋"表示为正向指标，越多越优；"－"表示为负向指标，越少越优。
资料来源：中国统计年鉴、国民经济和社会发展统计公报等。

7.1.3　指标说明及数据来源

1. 指标说明

（1）投入指标。资本、劳动和能源是分析投入要素的关键指标，资本代表资金投入，是生产的基础；劳动体现人力投入，是价值的直接创造者；能源是动力源泉，支撑生产过程。三者共同构成生产的三大要素，对经济活动规模和效率起着决定性作用。

资本投入指标（K）：选用全社会固定资产投资总额代表年度内资本投入，其综合反映了京津冀地区固定资产投资的规模、结构及增速，是形成GDP中资本形成总额的基础，并为宏观经济调控及科学研究提供重要依据，全面体现了年度内资本投入的情况。

劳动投入指标（L）：采用每年年末的从业人数来表征劳动投入，能够直观反映一定时期内劳动力资源的实际利用情况。尽管劳动投入理论上应涵盖劳动者数量、劳动时间、工作效率等多个因素，但由于缺乏完善的劳动时间统计资料，年末从业人数成了一个相对直接且易于获取的替代指标，广泛应用于各类经济研究中。

能源投入（E）：选取京津冀城市群13个城市2010～2022年城市年度能源消耗总量作为能源投入指标，综合体现了城市一年内各类能源的实际消耗，包括建筑、交通、工业等领域，是评估城市能源效率、制定节能减排策略、推动绿色低碳发展的关键依据。

（2）产出要素。在产出要素方面，本章将其细分为期望产出指标和非期望产出指标两大类。其中，期望产出指标包括经济效益指标和社会效益指标；经济效益指标采用各城市的地区生产总值来衡量；社会效益则通过医生数、医疗卫生机构床位数等指标构建社会效益综合指数加以衡量。

关于环境非期望产出指标的选择，在已有研究中大多数学者选择的是工业废弃物数据，并以此结合权重来计算出环境效益。因此，本章将工业烟尘排放量、工业废水排放量、工业二氧化硫排放量这三个"三废"指标合成环境污染综合指数，以此计算环境效益。

2. 数据来源

本章以北京市、天津市两个直辖市和河北省 11 个地级市作为研究对象。以"五年计划"为时间线，在深入探讨数据时效性与获取可行性的基础上，本章选取了 2010～2022 年第十二个、第十三个五年规划及第十四个五年规划初期阶段，对京津冀地区的包容性绿色增长绩效进行了分析。研究资料主要来源于历年《中国统计年鉴》等权威统计报告和各类公报，部分缺失数据运用线性插值和 ARIMA 填补方法进行补齐。

7.2 京津冀地区包容性绿色增长绩效的统计测度

本章以北京市、天津市两个直辖市和河北省 11 个地级市作为研究对象。对京津冀地区包容性绿色增长绩效进行测算，通过参考相关文献确定模型选取和方法确定。

7.2.1 模型构建

1. 数据包络分析

数据包络分析是一种非参数的测算方法，并且 DEA 能够确定最优效率前沿，并评估其他单元相对于该前沿的效率水平。在本章的研究中，DEA 方法可以评估京津冀地区不同地区在资源利用方面的相对效率。

2. Super-EBM 模型

Super-EBM 模型是一种综合评估绿色增长绩效的方法。该模型综合考虑了环境质量、经济增长和社会发展三个维度，通过建立一个综合评价指标来衡量绿色增长的绩效。Super-EBM 模型的优势在于它能够综合考虑多个指标，并提供一个综合的评估结果，有助于全面了解京津冀地区绿色增长的水平。因为本章综合考虑了非期望产出，所以运用了非径向 EBM 模型，即超效率 EBM（Super-EBM）模型规划式如下：

$$
r^* = \min_{q,l,z^-} \frac{q - e_x \sum_{i=1}^{m} \frac{W_i^- S_i^-}{x_{ik}}}{j + e_y \sum_{r=1}^{s} \frac{W_r^+ S_r^+}{y_{rk}} + e_b \sum_{p=1}^{q} \frac{W_p^{b-} S_p^{b-}}{b_{pk}}}
$$

$$
s.t. \sum_{j=1}^{n} x_{ij} l_j + S_i^- = q x_{ik}, i = 1,2,\cdots,m
$$

$$
\sum_{j=1}^{n} b_{ij} l_j - S_r^+ = j y_{rk}, r = 1,2,\cdots,S \tag{7-1}
$$

$$
\sum_{p=1}^{n} b_{ij} l_j + S_p^{b-} = j b_{rk}, p = 1,2,\cdots,q
$$

$$
l_j, S_i^-, S_r^+, S_p^{b-} \geqslant 0
$$

3. GML 指数

Malmquist 指数作为一种基于数据包络分析（DEA）模型的投入产出效率指数，其核心是全局马尔姆奎斯特—卢恩伯杰生产率指数（global Malmquist-Luenberger productivity index，GML），该指数涵盖了全域生产率的评估。它的计算结果可以用来与基于不同时间段的 DEA 模型所得出的生产率指数进行对比分析，从而为我们提供关于经济增长和效率的深入见解，结果具有可比性和更高的可靠性，此外，GML 指数具有可迁移性，相邻两个时期的两个 GML 指数可以通过乘法转换为给定时期的一个 GML 指数，适合于反映包容性绿色发展绩效的长期趋势。GML 指数及其分解因子可以定义如下：

$$GML_t^{t+1} = \frac{1 + D_0^G(x^t, y^t, b^t, g^t)}{1 + D_0^G(x^{t+1}, y^{t+1}, b^{t+1}, g^{t+1})}$$

$$= \frac{1 + D_0^t(x^t, y^t, b^t, g^t)}{1 + D_0^{t+1}(x^{t+1}, y^{t+1}, b^{t+1}, g^{t+1})}$$

$$\times \left[\frac{1 + D_0^G(x^t, y^t, b^t, g^t)}{1 + D_0^t(x^t, y^t, b^t, g^t)} \times \frac{1 + D_0^{t+1}(x^{t+1}, y^{t+1}, b^{t+1}, g^{t+1})}{1 + D_0^G(x^{t+1}, y^{t+1}, b^{t+1}, g^{t+1})} \right]$$

$$= GEC_t^{t+1} \times GTC_t^{t+1} \qquad (7-2)$$

7.2.2 方法说明

目前通过查找相关文献，发现对于包容性绿色发展绩效的定量研究较少，大多数国内学者，例如，周小亮和吴武林（2018）等多用数据包络分析方法，对于包容性绿色发展绩效定义概念较为复杂，参考邓淇中等（2022）方法，遂本章选用数据包络分析中的超效率 EBM 模型结合 GML 指数测算京津冀地区各城市包容性绿色增长绩效。

7.3 京津冀地区包容性绿色增长绩效的地区差距研究

本部分对京津冀地区 13 个城市的包容性绿色增长绩效进行统计测度，采用 MAXDEA8.0 软件中的 EBM 模型结合 GML 指数进行综合测算。

7.3.1 时序演变分析

1. 京津冀地区总体情况分析

表 7 - 2 和图 7 - 1 呈现了京津冀地区 2010～2022 年包容性绿色增长绩效测算结果，在 2013～2014 年、2015～2016 年、2017～2018 年、2019～2020 年、2020～2021 年和 2021～2022 年六个时期的包容性绿色增长绩效均大于 1。其中，2013～2014 年增长最大值达到 33%，年均值大于 1，全域技术效率在 2013～2014 年达到峰值后呈下降趋势，年均下降 4%，而全域技术进步受到"十一五"规划、"十二五"规划和"十三五"规划的推动在 2011～2012 年达到最大值，2014～2015 年后全域技术进步因为京津冀地区协同发展战略正式成为国家重大发展战略之一的影响，在 2014～2015 年时间段内增长迅速，从时间上可以看出受三次计划影响，全域技术进步大部分时间段都大于 1，说明其稳定推动了包容性绿色增长的提升，但全域技术进步增长率远低于全域技术效率退步幅度，并且 GEC 波动幅度大，具有不稳定特性。

表 7 - 2 　　2010～2022 年京津冀地区包容性绿色增长绩效及分解

年份	GML	GEC	GTC
2010～2011	0.9919	0.9708	1.0238
2011～2012	0.9722	0.9027	1.3739
2012～2013	0.9733	0.9455	1.0465
2013～2014	1.3033	1.5756	0.9219
2014～2015	0.9598	0.9377	1.0710
2015～2016	1.0686	1.0474	1.0319
2016～2017	0.9507	0.9557	1.0075
2017～2018	1.0471	1.0115	1.0375
2018～2019	0.9670	1.0229	0.9747
2019～2020	1.0549	1.0092	1.0506
2020～2021	1.0075	1.0104	1.0007
2021～2022	1.0249	0.9993	1.0261
均值	1.0268	1.0323	1.0472

资料来源：笔者计算得到。

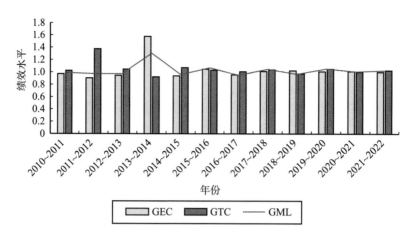

图 7-1 2010~2022 年京津冀地区包容性绿色增长绩效水平变化趋势

从整体来看，京津冀地区 2010~2022 年包容性绿色增长绩效水平为 0.95~1.04，只有 2013~2014 年达到了 1.3033，可能与首次提出"推进国家治理体系和治理能力现代化"重大命题有关，年均增长 0.275%，总体呈波动上升趋势。具体来看，包容性绿色增长绩效水平不稳定，2010~2013 年的逐渐退步（年均降幅 0.84%）、2013~2014 年突然大幅进步，波动率达 34%，在 2011~2019 年呈现"金字塔"形和 2019 年后的稳定期三阶段。稳定期内，京津冀地区包容性绿色增长绩效水平表现出了稳定增长趋势，增幅达 5.9%。

2. 各城市差异分析

表 7-3 为京津冀地区 13 个城市的年均包容性绿色增长绩效测算结果，其中 10 个城市的绩效水平大于 1，3 个城市的绩效水平小于 1。天津市作为环渤海经济圈的重要城市，依托直辖市和北方重要港口城市身份，落实《天津市双城中间绿色生态屏障区生态环境保护专项规划（2018-2035)》，重视绿色发展，其包容性绿色增长绩效年均增长率以及包容性绿色增长绩效水平在京津冀地区 13 个城市中最高（1.3%），另外包容性绿色增长绩效年均增长率以及包容性绿色增长绩效水平较高的秦皇岛、

张家口等国家级新能源区或国家森林城市，自然景观丰富，虽然经济实力不显著，但良好的环境条件和较低的能源消耗，使该地区在大部分时期内整体技术效率和总体技术进步保持同步提高。

表 7-3　　　　　京津冀地区 13 个城市年均包容性绿色增长

城市	GML
北京	1.0001
天津	1.2890
石家庄	1.0125
唐山	1.0204
秦皇岛	1.0075
邯郸	1.0035
邢台	1.0068
保定	0.9938
张家口	1.0215
承德	1.0027
沧州	1.0005
廊坊	0.9904
衡水	0.9994

资料来源：笔者计算得到。

在比较保定、廊坊和衡水三座城市的包容性绿色增长绩效时，均显示其值小于 1。这三座城市共同面临的问题是全域技术效率阻碍大于技术进步对增长的促进作用，这直接导致了绿色增长能力的下降。作为河北省两个二线城市之一的保定市，其经济发展和技术水平相对较高；然而，过度追求技术效率的目标，却未能充分利用投入的资源和技术，从而影响了绿色增长的效果；廊坊市紧邻北京和天津，地理位置优越，但因基础设施建设较为薄弱、产业发展起步较晚导致全域技术效率较低资源与技术未能充分发挥；衡水市作为河北省教育大市，经济发展状况和工业、绿色基础设施建设较为落后，导致其经济效益方面总体低于其他地方。

在分析 13 个城市的包容性绿色增长绩效时，研究发现只有 3 个城市的全域技术效率指数超过了 1，而有 10 个城市的全域技术进步指数超过了 1。这表明，尽管许多城市依靠先进的全域技术进步来推动发展，但它们并没有充分考虑到全域技术效率的重要性。这种情况导致了对资源高效利用和绿色经济的重视程度不足。因此，未来的发展策略应该更加注重资源的有效利用和技术的高效性。

3. 区域分布特征

对比京津冀地区 13 个城市"十一五""十二五""十三五"三个阶段结束后 GML 指数的区域分布，可以发现京津冀地区各城市包容性绿色增长绩效存在"核心—边缘"的分布特征。

2010～2011 年中有 7 个城市的包容性绿色增长绩效水平低于 1，其余大于 1 的城市中北京和唐山因为经济发展和基础设施建设优势导致包容性绿色增长较高，可以看到南方邯郸市较为突出，从邯郸市角度分析是因为其间能源消耗较少，但与其他包容性绿色发展水平较高的城市并无比较明显的聚集关系。

2016～2017 年相较"十一五"末期来看总体的包容性绿色增长绩效水平小于 1。然而，大部分城市如秦皇岛、保定等呈现增长趋势，"十二五"末以来，邯郸市、承德市和唐山市的包容性绿色增长绩效显著下降，这主要是由于整个地区的技术效率快速下降导致的，而石家庄市与邻近城市虽然包容性绿色增长绩效高于其"十一五"末期值，但北京市凭借其较高的全域技术进步推动，成为京津冀地区中的最高值，而秦皇岛市更是凭借独特的地理位置和环境成为此阶段河北省包容性绿色发展绩效水平最高的城市。

观察 2021～2022 年京津冀地区包容性绿色增长绩效水平情况，京津冀地区包容性绿色增长绩效数值大幅度高于"十二五"末期，除了秦皇岛市外，其他城市包容性绿色增长绩效均高于 1，其中石家庄市与天津市呈现出较明显的空间聚集特征。石家庄市与邯郸市、邢台市、衡水市以及保定市位置相近且包容性绿色增长数值增幅相近，以石家庄市为中心；天津市与唐山市和沧州市相邻，且数值相近增幅接近，以天津市为中心；北京作为首都经济圈的重要城市，其包容性绿色增长绩效水平在三个规划期间都呈现居中以及平稳趋势，且接近于1，证明北京在发展过程中注重协调发展，正逐渐向周围疏解压力与资源，可以看出在最后一个时期北京的包容性绿色增长绩效水平虽然不高但全域技术效率的影响增长明显高于其他城市，说明其包容性绿色增长绩效潜力巨大。

7.3.2 空间分布特征

1. 空间自相关理论

根据国外学者格里菲斯（Griffth）以及国内学者相关研究，空间自相关关系可以根据其空间相关属性被划分为正向和负向空间相关关系。此外，空间自相关分析的研究范围可进一步细分为全局自相关分析和局部自相关分析。

全局自相关分析能够揭示研究变量的空间分布特性，并通过分析指数大小、正负符号以及显著性水平来判断空间聚集（空间正自相关）或空间分散（空间负自相关）的特征。其中 $Moran's\ I$ 指数特别强调了相邻数据点与平均值之间的比较关系，因此本书选择将 $Moran's\ I$ 指数作为全局自相关分析的重要指标，公式如下：

$$Moran's\ I = \frac{\sum\limits_{i=1}^{n}\sum\limits_{j=1}^{n} w_{ij}(x_i - \bar{x})(x_j - \bar{x})}{\frac{1}{n}\sum\limits_{i=1}^{n}(x_i - \bar{x})^2 \sum\limits_{i=1}^{n}\sum\limits_{j=1}^{n} w_{ij}} \tag{7-3}$$

选择将 $Moran's\ I$ 指数的前提下，可选用 Z 统计量来判断是否有显著的空间自相关性：

$$Z = \frac{I - E(I)}{\sqrt{Var(I)}} \tag{7-4}$$

局部自相关。通过对数据的处理结果看局部空间自相关基本没有显著的集聚类型，因此选用了重心迁移标准差椭圆的方法，更加全面科学地分析空间分布特征。

全局空间自相关和重心迁移标准差椭圆相结合分析京津冀地区包容性绿色增长绩效的空间分布特征，具有综合性分析的优势。通过全局空间自相关分析，我们可以揭示区域间的相互作用和依赖关系，而重心迁移标准差椭圆则能衡量区域内部的空间分布变化。将这两种方法结合起来，可以综合考虑区域间和区域内的空间特征，从而更全面地了解京津冀地区包容性绿色增长绩效的空间分布情况。这种综合分析方法能够考虑空间依赖关系，测量空间分布变化，并综合评估空间分布特征。

2. 空间自相关分析结果

本章以京津冀 13 座城市为研究对象，对其 2011 ~ 2022 年度的包容性绿色发展绩效水平进行测算，并计算 Global *Moran's I* 指数如表 7 - 4 所示。

表 7 - 4　　　　京津冀地区包容性绿色发展绩效 Global *Moran's I* 指数

年份	Global *Moran's I*	z 值	p 值
2011	0.1382	6.5894	0.0000
2012	0.1417	6.3463	0.0000
2013	0.1429	6.7457	0.0000
2014	0.1403	7.0215	0.0000
2015	0.1375	7.1204	0.0000
2016	0.1466	6.8251	0.0000
2017	0.1521	7.3359	0.0000
2018	0.1481	6.6823	0.0000
2019	0.1469	8.0043	0.0000
2020	0.1497	6.6325	0.0000
2021	0.1538	7.1158	0.0000
2022	0.1587	6.6329	0.0000

京津冀地区 2011～2022 年包容性绿色增长绩效全局莫兰指数均通过了蒙特卡洛模拟999 次检验，且均为正值，表明京津冀地区存在一定的空间正自相关，故包容性绿色增长绩效高和低的地级市在空间上呈现出一定的集聚特征。

如表 7－5 所示，从椭圆范围来看，2021～2022 年的包容性绿色增长范围明显要大于之前，说明京津冀地区总体上注重包容性绿色增长水平的协同发展。扁率表示方向明确性和向心力的程度，2021～2022 年扁率更低，说明其包容性绿色发展方向趋势更加明显。从空间旋转角度来看，旋转角从 47.5812°降低到 47.4553°，说明包容性绿色发展愈加稳定。整体来看，京津冀地区空间分布格局的重心迁移路径呈现向西移动的趋势，主要是因为近年石家庄和保定等城市注重绿色协调发展，包容性绿色增长指数增加，加之张家口举办冬奥会，绿色理念影响了整体的包容性绿色增长水平。2010～2022 年京津冀地区包容性绿色增长绩效空间分布格局仍以东北—西南为主，京津冀地区包容性绿色增长绩效水平逐年增长，总体稳定，逐渐从中心城市向其他城市转移的趋势，集聚性减弱，说明京津冀地区更加注重地区总体的包容性绿色增长绩效水平发展。

表 7－5　　　　京津冀地区包容性绿色发展绩效标准差椭圆参数

年份	长度	区域	X 中心	Y 中心	X 标准距离	Y 标准距离	旋转（度）
2010～2011	12.2852	10.2450	116.3177	39.0314	2.5162	1.2962	47.5812
2016～2017	12.2849	10.3991	116.3132	39.0746	2.4934	1.3277	47.4890
2021～2022	12.2715	10.5338	116.2538	39.0687	2.4660	1.3598	47.4553

7.4 本章小结

本章聚焦京津冀地区的包容性绿色增长，探讨其绩效评价体系的构建与统计测度。通过对现有文献的梳理，明确了包容性绿色增长绩效的含义，并构建了综合评价体系。这一体系涵盖资本、人力、能源等投入，以及经济、社会、环境等多方面的产出，同时考虑非期望产出，全面反映包容性绿色增长的多重维度，确保了评价的全面性和科学性。

在模型选择上，采用了先进的超效率 Super-EBM 模型，在有效处理多投入多产出问题的同时考虑非期望产出的影响，从而精确评估京津冀地区的包容性绿色增长绩效。结合 GML 指数，对京津冀 13 个城市 2010 ~ 2022 年的绩效进行了全面科学的测度。

分析结果显示，京津冀地区的包容性绿色增长绩效水平总体呈波动上升趋势，但存在明显的时序演变特征和区域分布差异。具体来说，绩效水平在不同时间段内有所波动，且受到国家重大政策规划的影响。同时，各城市之间的绩效水平也存在显著差异，其中天津市和秦皇岛市等城市的绩效水平较高，而保定市、廊坊市和衡水市等城市的绩效水平相对较低。

在空间分布方面，通过全局空间自相关分析和重心迁移标准差椭圆等方法，揭示了京津冀地区包容性绿色增长绩效的空间集聚特征和迁移趋势。结果表明，京津冀地区的包容性绿色增长绩效存在一定的空间正相关性，且绩效水平高的城市在空间上呈现出一定的集聚特征。此外，随着时间的推移，京津冀地区的包容性绿色增长绩效空间分布格局逐渐从中心城市向其他城市转移，集聚性减弱，说明该地区更加注重地区总体的包容性绿色增长绩效水平发展。

第8章

包容性绿色增长绩效
差异的驱动因素

为进一步探究京津冀地区包容性绿色增长绩效差异性来源，对于驱动因素进行进一步探讨。根据《京津冀协同发展规划纲要》及"京津冀2030 年规划图"，结合本书研究内容与方向，本书将京津冀地区划分为京津保都市区，冀南都市区和冀东都市区。运用地理探测器的方法，从内外源两方面，测算京津冀地区包容性绿色增长绩效差距的驱动因素，具体公式如下：

$$q = 1 - \frac{1}{N\sigma^2} \sum_{n=1}^{L} N_h \sigma_h^2 \qquad (8-1)$$

8.1
内源性驱动因素分析

表 8-1 和图 8-1 共同揭示了京津冀地区在包容性绿色增长绩效差异中各内源性驱动因素所扮演的角色，特别是投入要素生产率、期望产出要素以及非期望产出要素之间的差异所构成的单向驱动力。

表 8 - 1　　　　　内源性驱动因素对京津冀地区包容性绿色增长差异的决定力

样本地区	T	N	E	G	B	M	W
总体地区	0.2998	0.1963	0.1068	0.1068	0.1068	0.1068	0.6637
京津保都市区	0.1430	0.0517	0.0517	0.0517	0.2222	0.0517	0.2232
冀南都市区	0.0014	0.1215	0.0014	0.8028	0.0014	0.1215	0.1215
冀东都市区	0.4944	0.1594	0.4944	0.1594	0.4944	0.1594	0.4944
京津保—冀南	0.0839	0.0450	0.1405	0.1157	0.0760	0.0450	0.0615
京津保—冀东	0.1278	0.0608	0.0224	0.0224	0.0831	0.0608	0.0860
冀南—冀东	0.1145	0.6546	0.1145	0.3404	0.3958	0.3396	0.3140

注：T、N、E、G、B、M、W 分别代表资本投入、人力投入、能源投入、经济效益、医疗效益、社会效益及环境产出。

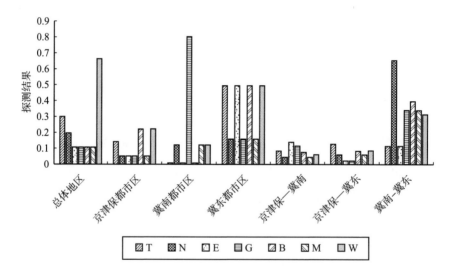

图 8 - 1　京津冀地区总体及三大地区差异驱动因素探测结果

注：T、N、E、G、B、M、W 分别代表资本投入、人力投入、能源投入、经济效益、医疗效益、社会效益及环境产出。

具体而言，从表 8 - 1 的数据可以看出，产出生产率的非期望差异，即那些未预期到且往往不利的产出结果，在京津冀地区内部各都市区间表现出了显著的差异，并被视为影响该地区包容性绿色增长绩效差距的关键内在因素。这种非期望差异可能源于产业结构、技术水平、环境治理能力等多方面的因素，对实现绿色、可持续的发展目标构成了挑战。

同时，投入生产率的期望差异，即预期的投入要素（如资本、劳动、技术等）在生产过程中的效率差异，对京津冀总体地区和京津保都市圈的包容性绿色增长绩效差距影响相对较小。这表明，在这些区域内，尽管投入要素的配置和使用效率存在差异，但这种差异并未显著拉大它们之间的绿色增长绩效。然而，对于冀南都市圈而言，投入生产率的期望差异却对其包容性绿色增长绩效差距产生了较大的影响。这可能意味着，冀南都市圈在资源利用、技术创新、人才培养等方面的投入与配置尚需进一步优化，以提升其绿色增长绩效。

8.1.1　单向驱动力分析

表 8 - 2 展示了京津冀地区在细分要素层面的驱动力。构成京津冀区域包容性绿色增长绩效差异的主要驱动力是环境产出（0.6637）、资本投入（0.2998）以及人力投入（0.1963），其他要素为次要驱动力。从总体来看，京津冀地区包容性绿色增长绩效差异的形成是一个多因素交织的复杂过程。在推动区域绿色发展的过程中，应充分考虑各区域间的差异性与互补性，加强区域合作与协同发展机制建设，共同探索符合区域特点的绿色增长路径与模式。

表 8 - 2　　　　　　　　　　　　　细分要素层面驱动力

样本地区	指标	T	N	E	G	B	M	W
a. 总体地区	T	0.2998						
	N	1.0466	0.1963					
	E	1.0478	0.9517	0.1068				
	G	1.0478	0.9517	0.8678	0.1068			
	B	1.0478	0.9517	0.8678	0.8678	0.1068		
	M	1.0478	0.9517	0.8678	0.8678	0.8678	0.1068	
	W	1.4240	1.3914	1.3827	1.3827	1.3827	1.3827	0.6637

样本地区	指标	T	N	E	G	B	M	W
b. 京津保都地区	T	0.1430						
	N	0.2678	0.0517					
	E	0.2678	0.1872	0.0517				
	G	0.2678	0.1872	0.1872	0.0517			
	B	0.3384	0.3345	0.3345	0.3345	0.2220		
	M	0.2678	0.1872	0.1872	0.1872	0.3345	0.0517	
	W	0.3359	0.3384	0.3384	0.3384	0.3346	0.3384	0.2232
c. 冀南都市区	T	0.0014						
	N	0.2886	0.1215					
	E	0.1679	0.2886	0.0014				
	G	0.8914	0.9017	0.8914	0.8028			
	B	0.1679	0.2886	0.1679	0.8914	0.0014		
	M	0.2886	0.2680	0.2886	0.9017	0.2886	0.1215	
	W	0.2886	0.2680	0.2886	0.9017	0.2886	0.2680	0.1215
d. 冀东都市区	T	0.4944						
	N	0.6208	0.1594					
	E	0.6208	0.6208	0.4944				
	G	0.6208	0.3696	0.6208	0.1594			
	B	0.6208	0.6208	0.6208	0.6208	0.4944		
	M	0.6208	0.3696	0.6208	0.3696	0.6208	0.1594	
	W	0.6208	0.6208	0.6208	0.6208	0.6208	0.6208	0.4944
e. 京津保—冀南	T	0.0839						
	N	0.1884	0.0450					
	E	0.2249	0.2460	0.1405				
	G	0.2947	0.2435	0.3523	0.1157			
	B	0.1794	0.1814	0.2493	0.2885	0.0760		
	M	0.1884	0.1318	0.2460	0.2435	0.1814	0.0450	
	W	0.1925	0.1470	0.2622	0.2587	0.1814	0.1470	0.0615

样本地区	指标	T	N	E	G	B	M	W
f. 京津保—冀东	T	0.1278						
	N	0.2290	0.0608					
	E	0.2249	0.1688	0.0224				
	G	0.2249	0.1688	0.1310	0.0224			
	B	0.2255	0.1861	0.1862	0.1862	0.0831		
	M	0.2290	0.1652	0.1688	0.1688	0.1861	0.0608	
	W	0.2290	0.1897	0.1897	0.1897	0.1897	0.1897	0.0860
g. 冀南—冀东	T	0.1145						
	N	0.6968	0.6546					
	E	0.2030	0.6968	0.1145				
	G	0.6933	0.6968	0.6933	0.3404			
	B	0.6158	0.8316	0.6158	0.8883	0.3958		
	M	0.6943	0.6929	0.6943	0.4074	0.9567	0.3396	
	W	0.4589	0.8459	0.4589	0.8883	0.8459	0.8395	0.3140

注：T、N、E、G、B、M、W 分别代表资本投入、人力投入、能源投入、经济效益、医疗效益、社会效益及环境产出。

1. 从区域内部层面的影响分析

在京津保都市区与冀东都市区内部，包容性绿色增长绩效的差距主要归因于环境产出与资本流入的双重作用。京津保都市区凭借其先进的环保技术与高效的资本配置能力，在环境改善与绿色经济发展方面取得了显著成效。而冀东都市区则通过加大资本投入，推动传统产业转型升级，逐步缩小与京津保地区的绿色增长差距。

2. 从区域间差异层面上的影响分析

与区域内差异相比，京津保—冀东区、京津保—冀南区及冀南—冀东区之间的包容性绿色增长绩效差距受细分要素的影响相对较小。从区域合作的角度来看，各区域间的绿色增长路径可能呈现出一定的趋同趋势。

京津保—冀东区因其独特的地理位置与资源优势（如唐山煤炭、钢铁产业的成本优势及靠近能源产地的便利），加之完善的交通网络（包括密集的铁路网与海上运输），使得能源投入对其地区间差距的影响相对较弱。相比之下，冀南都市区随着工业企业的快速入驻与工业化的加速推进，对能源的需求急剧增加。然而，受限于基础设施水平较低及陆路运输效率不高，能源投入成为制约其绿色增长绩效提升的关键因素之一。进一步研究发现，经济效益（0.8028）是冀南都市区包容性绿色增长绩效差异的形成中的一个重要因素。在冀南地区，经济发展与绿色增长之间存在更为紧密的联系。通过优化产业结构、提高资源利用效率及加强生态环境保护等措施，冀南都市区有望在实现经济效益的同时，推动绿色增长绩效的显著提升。

8.1.2 交互驱动力分析

从 2010～2022 年的数据来看，可以发现对京津冀地区在包容性绿色增长绩效影响的驱动力方面，单一因素不如多个因素的共同作用影响显著。整体而言，区域内的细分要素交互作用对绩效差距的影响大于区域间的影响。

具体到不同地区：京津保都市区的主要影响因素包括人力投入、能源投入、经济效益以及社会效益与环境的相互作用，探测值为 0.3384；冀东都市区的绩效主要受人力投入、社会效益与环境产出交互作用的影响，其值为 0.6208；冀南都市区的绩效差异则主要受环境产出与经济效益的交互作用影响，探测值为 0.9017。

由此可知，为实现京津冀地区包容性绿色增长的长期向好，应当需要综合考虑经济、社会和环境等多方面因素的相互作用。同时，还要考虑不同区域内部，影响绩效差距的关键因素及其交互作用存在差异，根据不同地区发展特点的差异，采取差异化策略，共同促进包容性绿色增长绩效的提升。

8.2 外源性驱动因素分析

借鉴周小亮和吴武林（2018）、谢琳霄（2023）等的研究思路，选取6个外源性驱动因素指标来揭示其对京津冀地区包容性绿色增长绩效地区差距的驱动因素。数据来自相关年份的《中国统计年鉴》。

8.2.1 区域内差距驱动因素分析

如表8-3、图8-2所示，京津保都市区内差距形成的主要因素有产业结构（0.3284）、金融发展（0.3995）及环境规制水平（0.6029）；科技创新和基础设施水平对其影响程度最低，两个值都为0.0674。冀东都市区包容性绿色增长差异主要受对外开放水平因素影响，决定力水平为0.8113；基础设施水平、产业结构及环境规制水平影响程度也较明显，其值分别为0.5120、0.5028、0.5120；金融发展和科技创新的影响最弱，影响系数为0.0055。就冀南都市区而言，基础设施和环境规制水平对包容性绿色增长绩效的差距形成机制有显著的正向影响，影响系数分别为0.3056和0.6398；而科技创新的差异对差距形成的影响也较大，决定力为0.1457，其他因素影响较弱。以上结果表明，京津冀地区三大区域之间包容性绿色增长绩效差距形成机制存在差异。但对于总体而言，产业结构水平、对外开放和环境规制水平有较强的差距决定力。

表8-3 外源性驱动因素对京津冀地区包容性绿色增长绩效差距的决定力

样本地区	INF	IND	FIN	FDI	REG	TEC
总体地区	0.0068	0.3047	0.0413	0.6863	0.4156	0.0033

样本地区	INF	IND	FIN	FDI	REG	TEC
京津保都市区	0.0674	0.3284	0.3995	0.0770	0.6029	0.0674
冀南都市区	0.3056	0.0733	0.0183	0.0990	0.6398	0.1457
冀东都市区	0.5120	0.5028	0.0055	0.8113	0.5120	0.0055
京津保—冀南	0.1088	0.6119	0.1961	0.0255	0.7436	0.2520
京津保—冀东	0.5261	0.3396	0.0019	0.7480	0.4660	0.0454
冀南—冀东	0.3249	0.3548	0.2625	0.7768	0.7799	0.1050

注：INF 代表基础设施水平、IND 代表产业结构、FIN 代表金融发展、FDI 代表对外开放、REG 代表环境规制水平、TEC 代表科技创新。

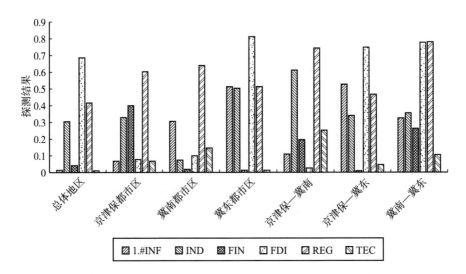

图 8 - 2　京津冀地区总体及三大地区差异驱动因素探测结果

注：INF 代表基础设施水平、IND 代表产业结构、FIN 代表金融发展、FDI 代表对外开放、REG 代表环境规制水平、TEC 代表科技创新。

表 8 - 4 展示了双因子交互作用的影响。从京津保都市区看，金融发展与对外开放的交互系数最高，其值为 0.7136。产业结构水平与金融发展、环境规制水平差距的交互作用影响程度依次为 0.9642、0.8198 是京津冀地区冀南都市区包容性绿色增长绩效差距形成的主要交互因素。冀东都市区产业结构差异和对外开放差异的交互作用值为 0.9995 远远高于其他交互组合，是造成冀东都市区包容性绿色增长绩效水平差距的关键

驱动因素，可以定义为多为双因子加强型。

表8-4 外源性因素层面驱动力

样本地区	指标	INF	IND	FIN	FDI	REG	TEC
总体	INF	0.0068					
	IND	0.3582	0.3047				
	FIN	0.1379	0.4313	0.0413			
	FDI	0.7535	0.9005	0.7824	0.6863		
	REG	0.5009	0.5943	0.7898	0.8418	0.4156	
	TEC	0.0860	0.3589	0.1161	0.7445	0.4606	0.0033
京津保都地区	INF	0.0674					
	IND	0.6609	0.3284				
	FIN	0.7011	0.7011	0.3995			
	FDI	0.2101	0.6997	0.7136	0.0770		
	REG	0.6609	0.6609	0.7011	0.6984	0.6029	
	TEC	0.2007	0.6609	0.7011	0.2101	0.6609	0.0674
冀南都市区	INF	0.3056					
	IND	0.7006	0.0733				
	FIN	0.4852	0.9642	0.0183			
	FDI	0.7502	0.5335	0.4625	0.0990		
	REG	0.7029	0.8198	0.7183	0.8557	0.6398	
	TEC	0.4852	0.4911	0.4852	0.3097	0.7152	0.1457
冀东都市区	INF	0.5120					
	IND	0.7326	0.5028				
	FIN	0.9015	0.7086	0.0055			
	FDI	0.9015	0.9995	0.9015	0.8113		
	REG	0.6340	0.7326	0.9015	0.9015	0.5120	
	TEC	0.9015	0.7086	0.2542	0.9015	0.9015	0.0055

样本地区	指标	INF	IND	FIN	FDI	REG	TEC
京津保—冀南	INF	0.1088					
	IND	0.7168	0.6119				
	FIN	0.7938	0.8249	0.1961			
	FDI	0.3132	0.7092	0.3207	0.0255		
	REG	0.7808	0.8512	0.7956	0.8903	0.7436	
	TEC	0.4251	0.9451	0.4851	0.3395	0.7783	0.2520
京津保—冀东	INF	0.5261					
	IND	0.7066	0.3396				
	FIN	0.9665	0.4339	0.0019			
	FDI	0.8697	0.9830	0.9830	0.7480		
	REG	0.9969	0.9799	0.9830	0.9830	0.4660	
	TEC	0.9658	0.6673	0.1851	0.9951	0.8534	0.0454
冀南—冀东	INF	0.3249					
	IND	0.5426	0.3548				
	FIN	0.9614	0.6104	0.2625			
	FDI	0.9327	0.9984	0.8471	0.7768		
	REG	0.8885	0.9815	0.8637	0.8619	0.7799	
	TEC	0.9517	0.6749	0.6285	0.9221	0.9954	0.1050

注：T、N、E、G、B、M、W分别代表资本投入、人力投入、能源投入、经济效益、医疗效益、社会效益及环境产出。

8.2.2 区域间差距驱动因素分析

表8−3揭示了影响因素的单独决定力。其中，产业结构（0.6119）、环境规制水平（0.7436）差距是京津保—冀南地区差距的显著单向决定力因子，表明京津保—冀南地区间包容性绿色增长差距更多来自京津保地区与冀南地区之间在产业结构转型升级及绿色发展上的差距。京津

保—冀东地区间包容性绿色增长差异受基础设施水平影响作用程度明显高于京津保—冀南地区、冀南—冀东地区，其值为 0.5261，且对外开放驱动影响也较高，为 0.7480。观察冀南—冀东地区，其中基础设施水平、产业结构、对外开放、环境规制水平差异对其影响从大到小依次为 0.7799、0.7768、0.3548 及 0.3249。上述结果表明，京津冀地区包容性绿色增长绩效区域间差异主要因素的形成存在区域异质性，因此，根据区域间差异特点制定因地制宜的协同政策是未来京津冀地区缓解包容性绿色增长绩效区域间差异的重要方向。

表 8-4 展示了京津冀地区包容性绿色增长区域间差距形成的主要交互因素。京津保—冀南、京津保—冀东、冀南—冀东地区间绩效差距受驱动因素的交互影响的程度明显高于区域内。具体而言，基础设施与环境规制的相互作用（系数为 0.9969）以及对外开放和科技创新的交互作用（系数为 0.9951），共同主导了京津保—冀东区域间绿色增长绩效差异的形成；此外，京津保—冀南地区间绿色增长绩效的差异主要由产业结构和科技创新的差异（系数为 0.9451）以及环境规制水平和对外开放的差异（0.8903）所引起的交互影响所驱动；在冀南—冀东地区间，对外开放及其他影响因素之间的交互作用影响系数的平均值超过 88%，这一数值显著高于其他组合方式。

8.3 本章小结

本章深入剖析了京津冀地区包容性绿色增长绩效的地域性差异，并深入探讨了其内在与外在的驱动因素。借助地理探测器方法，本章将京津冀细致划分为京津保都市区、冀南都市区以及冀东都市区三大区域，进而对各区域间包容性绿色增长绩效的差距进行了详尽且量化的分析。

研究发现京津冀地区在包容性绿色增长方面存在显著的区域差异，这些差异的形成受到多种因素的共同影响。

非期望产出的生产率差异是京津冀地区包容性绿色增长绩效差距的主要内源性驱动因素。特别是环境产出的差异，在整体区域及京津保都市区和冀东都市区的绩效差距中起到了关键作用。而冀南都市区的绩效差距则主要受经济效益的影响。此外，细分要素的交互作用在区域内的绩效差距中影响更为显著。

产业结构、金融发展、环境规制水平等被识别为影响京津冀地区包容性绿色增长绩效区域间差异的主要因素，是主要的外源性因素。各区域间在这些因素上的差异显示出区域间的异质性。京津保—冀南地区间的差距主要受产业结构和环境规制水平的影响，而京津保—冀东地区间的差距则受基础设施水平和对外开放水平的显著影响。冀南—冀东地区间的差距则由基础设施水平、产业结构、对外开放和环境规制水平的交互作用所主导。

第 **9** 章

智慧城市试点政策对包容性增长的影响研究

城市建设作为经济新发展格局建设的推动器、文化传承和创新的载体、环境保护和可持续发展的保障，在多方面发挥重要作用。智慧城市的建设综合运用现代科学技术、整合信息资源以及统筹业务应用系统，也是对城市规划、建设以及丰富管理新模式的进一步深化。

关于智慧城市的建设对多方面的影响已经引起了多数学者的普遍关注。当前智慧城市建设带来的影响已经在加强经济高质量发展、增强城市韧性、推动共同富裕等多方面逐渐显现（张铎等，2024）。在增强城市韧性方面，研究发现智慧城市试点政策的实施能够显著提升城市韧性（周小亮和吴武林，2018）。这种提升作用主要是通过创新资源协同能力和政府治理能力等作用机制来实现，同时智慧城市试点政策的政策效应，在城市区位及特征方面存在显著差异（种照辉等，2024）。在推动共同富裕方面，研究发现智慧城市建设对共同富裕水平具有显著正向影响，缓解资源错配、提升城市创新创业活力和优化产业结构是智慧城市促进共同富裕的重要传导机制（陈鸣和王志帆，2024）。

包容性增长受到数字普惠金融和绿色金融等因素影响。胡淑兰等（2023）基于固定效应模型证明了数字普惠金融对于包容性增长的正向影响，其主要作用机制是通过促进中国收入公平和机会公平两个路径进行传导。刘占芳等（2024）利用中介效应等研究方法进行实证分析，得出绿色金融可以通过促进绿色技术创新和产业优化来推动包容性增长的结论。徐伟（2013）针对中国城市化发展地区差异悬殊的特点提出运用包容性发展的理念优化层次结构，推动中国城市化持续健康发展。

通过上述文献梳理，多数学者在智慧城市建设的影响效果以及包容性增长影响因素等方面做了大量研究，研究内容和研究结论为本书探索智慧城市建设对包容性增长的影响机制提供了充足的理论和实证分析，但是现有研究依然存在以下不足：第一，现有研究从加强经济高质量发展、增强城市韧性、推动共同富裕等多方面探究了智慧城市建设的效果，从数字普惠金融、网络基础设施建设等多方面分析了影响包容性增长的因素，但是少有研究从智慧城市的建设对于区域包容性增长的整体层面进行探讨，而且在作用机制方面的讨论稍有欠缺。第二，相关文献多数放眼于全国地区，体量较大，对于地区的差异化研究也较为广泛，但对于地级市地区研究尤为不足。

有鉴于此，本章选取华北地区的智慧城市试点作为研究对象，考察了华北地区智慧城市建设试点政策对于包容性增长的驱动效应，在保证研究广度的前提下进一步增强了研究的深度。此外，本章还针对不同方面的异质性进行了深入的理论分析和实证检验。以期相关研究结论为优化城市包容性增长格局提供经验支撑和理论支持。

9.1 包容性增长水平测度

9.1.1 指标体系构建

本章被解释变量：包容性增长（inclusive growth）以及四大维度指标

（经济增长、收入分配、机会公平和可持续性发展），如表 9 – 1 所示。

表 9 – 1　　　　　　　　　　包容性增长指标体系

一级指标	二级指标	三级指标/单位	指标属性
经济增长	经济产出	人均 GDP/万元·人	+
		财政收入比重/%	+
		第二产业比重/%	−
		第三产业比重/%	+
		城镇化率/%	+
收入分配	收入水平	农村人均消费支出/万元·人	+
		地方财政一般预算内收入/万元	+
机会公平	就业机会公平	第二产业就业比重/%	+
		第三产业就业比重/%	+
		城镇登记失业率/%	−
	教育机会公平	教育支出/万元	+
	医疗机会公平	每万人卫生技术人员数/人	+
		每万人医疗卫生机构床位数/张	+
	社会保障机会公平	城镇基本医疗保险参保人数/人	+
	基础设施条件公平	城市公共汽车和电车运营车辆数/辆	+
可持续性发展	科技进步	科技支出占 GDP 比重/%	+
	环境保护	生活垃圾无害化处理率/%	+
		环境污染治理投资/万元	+

城市包容性增长作为一种新型的城市发展理念，旨在促进城市经济持续增长，缩小收入分配差距，提高就业、教育、医疗等多领域的均等化水平，从而实现经济发展的公平性、普惠性与共享性。参考已有研究，本章将城市包容性增长的内涵概括为经济增长、收入分配、机会公平与可持续性发展四个方面。经济增长是城市包容性增长的基础，为城市发展创造更广阔的就业机会和发展空间，促使社会成员从经济发展中获益；收入差距是城市包容性增长的重点，是经济增长的成果在个体分配中的最终结果；机会公平是城市包容性增长的核心，促使社会成员在就业、教育、医疗等非收入领域获得公平享有发展成果的机会；可持续性发展

是城市包容性增长的重要表现，推动实现经济增长方式"量"与"质"的齐升。

9.1.2 包容性增长水平测度

熵值法是一种客观的指标评价方法。其基本思路是根据指标变异性的大小来确定客观权重。一般来说，若某个指标的信息熵越小，表明指标值得变异程度越大，提供的信息量越多，在综合评价中所能起到的作用也越大，其权重也就越大；相反，某个指标的信息熵越大，表明指标值得变异程度越小，提供的信息量也越少，在综合评价中所起到的作用也越小，其权重也就越小。使用计量建模时，为了扩充样本容量，多数研究常选取面板数据，因此在截面数据的基础上加入时间因素的面板数据熵值法在近年来使用较多。故本章选取熵值法对 2000～2022 年华北地区各试点城市的包容性增长水平进行综合测算。

9.2 研究设计与思路

9.2.1 政策背景

随着我国经济和社会的快速进步，城市化的步伐也在不断加快，城市居民数量持续增长。与此同时，各种所谓的"城市病"也日益显现，这已经成为阻碍我国城市现代化和高质量发展的主要障碍。在全球经济一体化的大背景下，如果我国的城市治理仍然沿用传统的治理方式，那么它将会与时代发展和科技进步脱节。然而，如果在城市建设过程中融入大数据、区块链、5G 等先进的数字信息技术，不仅可以增加城市管理的"智慧"元素，还能提高城市服务的便利性、准确性和时效性，优化公共服务的效率，并成为推动城市升级、产业与城市融合以及经济转型的强大动力，从而为城市提供高效和科学的运营与管理机制，进一步提高政府的治理水平和能力。为了顺应这一发展趋势，我国也逐步推出了相应的政策措施。2012 年，中国推出了智慧城市试点政策，这一政策将物联网、云计算、大数据等多种技术模式从纯理论转向实际应用，标志着我国在早期阶段为推动城市治理现代化所做出重要努力。

2012 年 12 月 5 日，住房和城乡建设部正式发布了《关于开展国家智慧城市试点工作的通知》并印发了《国家智慧城市试点暂行管理办法》和《国家智慧城市（区、镇）试点指标体系（试行）》两个文件，在2013 年、2014 年、2015 年分别推出三批具有良好发展基础的国家智慧城市试点名单，在"扩大内需""启动投资""促进产业升级和转型"的目标下分阶段推动本地区智慧城市基础设施建设，并要求站在全局的角度重新认识城镇化发展和规划，智慧的规划和管理城镇，智慧地配置城市资源，优化城市宜居环境，加强城市文化的传承和创新，最终实现市民幸福感的提升和城市可持续发展。此外，中国政府在顶层设计、基础设施建设以及协调机制等方面也做出了相应指示和要求。

本章旨在深入了解虚拟变量"智慧城市"试点政策如何影响城市的包容性增长以及驱动机制。通常来说，"智慧城市"的概念提倡通过建设智慧城市，实现城市经济、生活和治理的智慧化，增强公民的获得感、幸福感与安全感（湛泳，2024）。其中，由智慧城市引领的新型城市不仅是对传统城市发展模式的继承与发展，也是一种可持续发展的城市化模式，它强调以人民为中心、坚持高质量发展的城市化。自从《关于推动智能建造与建筑工业化协同发展的指导意见》实施，我国积极启动了智能建造的试点政策，并成功推动了 7 个试点项目的建设，总结并发布了 5大类 124 个创新服务典型案例，在数字设计、智能生产、智能施工和建筑产业互联网、建筑机器人等领域都取得了初步成功。另外，付平等（2019）通过实证研究肯定了智慧城市建设对技术创新的正向作用，尤其是在技术含量最高的发明专利上。李烨（2019）为了提高居民的获得感和幸福感，研究了智慧城市试点政策对居民获得感的影响程度，研究发现，只要当地居民的获得感越大，智慧城市的建设水平一定越高。因此，本章采用"智慧城市"试点政策虚拟变量来衡量城市包容性增长，此举具有颇为丰富的现实和理论基础。

9.2.2 研究假设

"智慧城市"试点政策对城市包容性经济增长的发展提供了发展指引。一方面，智慧城市的本质是城市化与信息化的高度融合和迭代演进，其战略目标是在城市经济发展、环境和交通治理等多个领域实现以人为本、技术集成、智能互联。城市智慧型建设的普及将逐步涉及经济包容性增长的各个领域，进而使发展成果更多更公平地由我国人民共享。智慧城市建设体现了包容性增长的特征。另一方面，智慧城市是基于大数据、云计算等智能决策和信息技术系统将感知和收集到的海量社会数字数据作为城市科学规划和高效管理的手段，具有高效有序、精准防控、共享共融、协同运作的显著特点。张玉梅（2022）在互联网的助力下，我国城市发展已经步入了新的发展阶段，我国已全面迈入"城市型"社会，为智慧城市建设带来了新的发展契机，使得我国城市发展在科技水平、创新能力以及对外合作等方面都取得了突破性的进展，从这一角度来看"智慧城市"试点政策体现出包容性增长的特征。因此，本章提出如下待检验假设：

假设9-1："智慧城市"试点政策能够直接促进城市包容性增长。

产业结构升级是转变经济发展方式的必经之路，我国目前处于唯有加快转变经济发展方式才能实现包容性增长的关键阶段。因此通过产业结构转型升级来扩大就业和内需具有非常重要的意义，智慧城市试点政策在很大程度上激发了消费者的热情和信心，这也反向地促进了产业结构的转型和升级。智慧城市建设在很大程度上推动了城市产业结构的升级与转化，在我国经济、社会、生态环境等方面都能够实现包容性发展，其中较为显著的因素为金融配置效率，虽然金融资产规模扩张与金融机构结构优化调整的作用力依次递减，但对于包容性增长仍具有积极的参考意义。因此，本章提出如下待检验假设：

假设9-2："智慧城市"试点政策能够加快城市产业结构升级，进而推动包容性增长。

"智慧城市"试点政策落地实施后，传统金融业务实现了多样化发展，克服了以往服务的局限性，便于农村和欠发达地区居民开展多类型交易，增强了金融服务的覆盖范围和延展性，提升了欠发达地区的金融服务发展水平，而且数字普惠金融能够降低金融服务成本，让更加优质和个性化的服务惠及更多农村及偏远地区的居民，让更多人民共享到发展成果，促进乡村振兴，推动缩小城乡差距（孙玉环，2021）。另有部分学者认为数字普惠金融在缓解地区贫困上也有显著作用（Mushtaq and Bruneau，2019；Zhao and Chen，2019；Zhao et al.，2022）。因此，本章提出如下待检验假设：

假设9-3："智慧城市"试点政策能够促进数字普惠金融发展，进而推动包容性增长。

"智慧城市"试点政策的实施对于城市信息化程度的提高也有重要意义，该政策的实施有效地扩大了网络信息的覆盖面，让更多的人民切实感受到生活水平的提高。随着智慧城市建设不断深入，人们的生活水平也得到了进一步的提高，在教育、医疗、就业、社会保障等民生领域较为明显，城乡区域发展不平衡的问题也得到了解决。同时，政府也利用网络信息建立了网上服务平台，政府与社会之间信息的高效流通，打通了政府为人民服务的"最后一公里"。同时，社会信息化也有利于政府进行市场监管，有效提升政府治理体系和治理能力现代化。因此，本章提出如下待检验假设：

假设 9 – 4："智慧城市"试点政策能够提高城市信息化水平，进而促进包容性增长。

创新、创业是市场主体实施价值投资的主要方式，也是实现经济增长的主要动力来源之一。在智慧城市试点政策落地实施后，数字金融发展能够缓解弱势群体面临的信贷约束；数字技术与金融市场的发展也能为弱势群体相对充分地提供市场信息（彭伟，2023）。政府为民营企业营运、创新等活动提供良好的营商环境，能够激发广大创业者的创新热情，为广大劳动者提供更多的就业机会。同时，包容性增长理念强调应该更多关注弱势群体，确保经济发展成果能够公平地惠及不同背景、地区的人群，这在一定程度上缓解了贫困地区居民的就业问题，有利于社会收入的再分配。因此，本章提出如下待检验假设：

假设 9 – 5："智慧城市"试点政策能够鼓励大众创业行为，进而促进包容性增长。

9.3 模型设定与构建

9.3.1 基准模型设定

为考察智慧城市建设对包容性增长的影响，参照相关的研究方法，本章将包容性增长作为被解释变量，智慧城市建设作为核心解释变量，设定基准计量模型为以下形式：

$$Y = \alpha_0 + \alpha_1 X_i + \alpha_2 Z_i + \varepsilon_1 \qquad (9-1)$$

其中，Y 表示包容性增长，由熵值法测算而得；Z_i 为控制变量，包括城市建设用地面积比重、人口自然增长率、在岗职工工资总额、公路客运量；自变量表示智慧城市试点政策；α_0 为常数项，α_1、α_2 为待估参数，ε_1 为随机扰动项。

9.3.2 双重差分模型设定

本章主要探究智慧城市建设对包容性增长的影响效应，由于中国智慧城市试点是分批逐年批复，且覆盖不同行政层级的建制单位，部分城市仅有市域内的区、县获批为智慧城市，而这一类城市因数据缺失较多，影响最后结果的完整性和准确性，因此剔除了这部分数据缺失较多的城市，则确定该研究对象主要集中于地级市层面，最终保留了华北地区 21 个地级城市。2012 年 12 月，住房和城乡建设部正式启动"智慧城市"试点政策，所以本章采用 2000～2022 年的数据，将政策实施前和实施后进行对比。通过国家智慧城市试点名单与城市数据相匹配，构建"智慧城市"试点政策虚拟变量。将智慧城市试点获批当年及以后即 2012 年及以后的政策虚拟变量项 Did 赋值为 1，2012 年之前赋值为 0，构建以下双向固定效应的双重差分模型：

$$Y_{it} = \alpha_1 + \beta_1 Did_{it} + \lambda_1 X_{it} + \mu_i + \gamma_t + \varepsilon_{it} \qquad (9-2)$$

其中，下标 i 表示第 i 个城市，t 表示第 t 年。被解释变量 Y_{it} 为包容性增长。X_{it} 为一系列控制变量，μ_i 表示城市固定效应，γ_t 表示时间固定效应，ε_{it} 为随机误差项。α_1 是关注的重点，其符号正负和数值大小反映了智慧城市建设对包容性增长的作用方向及影响程度。

9.3.3 中介效应模型

为了检验城市产业结构高级化值、数字普惠金融指数、互联网宽带接入用户、每百人创新企业数在智慧城市试点政策与包容性增长之间的中介效应，本章借鉴温忠麟和叶宝娟（2014）的中介效应检验方法，设置模型如下：

$$Y_i = \gamma_0 + \gamma_1 X_i + \gamma_2 Z_i + \varepsilon_2 \tag{9-3}$$

$$M_i = \phi_0 + \phi_1 X_i + \phi_2 Z_i + \varepsilon_3 \tag{9-4}$$

$$Y_i = \omega_0 + \omega_1 X_i + \omega_2 M_i + \omega_3 M_i + \omega_4 M_i + \omega_5 M_i + \omega_6 Z_i + \varepsilon_4 \tag{9-5}$$

式（9-3）~式（9-5）中，Y_i 是包容性增长；中介变量 M_i 为第 i 个城市产业结构高级化值、数字普惠金融指数、互联网宽带接入用户、每百人创新企业数；X_i 表示智慧城市试点政策；中介效应模型的具体检验程序为：式（9-3）检验系数 γ_1，即智慧城市试点政策对包容性增长的直接影响，若 γ_1 不显著，停止中介效应分析。式（9-4），若 ϕ_1 显著，则进一步检验智慧城市试点政策对城市产业结构高级化值、数字普惠金融指数、互联网宽带接入用户、每百人新创企业数的影响，即系数 ϕ_1 的显著性。式（9-5）检验智慧城市试点政策、城市产业结构高级化值、数字普惠金融指数、互联网宽带接入用户、每百人创新企业数对包容性增长的影响，系数分别为 ω_1 和 ω_2、ω_3、ω_4、ω_5。若 γ_1、ϕ_1 和 ω_2、ω_3、ω_4、ω_5 都显著，检验 ω_1 的显著性，若 ω_1 显著说明中介变量只起到部分中介作用，若 ω_1 不显著则表明中介变量起到完全中介作用；若 ϕ_1 和 ω_2、ω_3、ω_4、ω_5 中至少有一个不显著，则进行 Bootstrap 检验来确认中介效应的存在性。

9.4 变量设定与说明

9.4.1 被解释变量

关于"包容性增长"的测算，国内外相关文献的思路较一致，大多采用指标体系综合评价法，即基于包容性增长的核心内涵构建多维指标体系进行综合评价，如汤渌洋等（2020）。本章构建指标体系，对各城市包容性增长进行综合评价。

包容性增长，寻求社会与经济之间的协调发展、可持续发展的增长方式，与单纯的追求经济增长相对立，学者们对包容性增长的概念进行了大量的研究，虽然对其概念界定没有形成统一的认识，但是一致认为其最终目标是实现人类社会的可持续发展。本章依据"智慧城市"试点市级城市，参考龙海明等（2022）从经济增长、收入分配、机会公平、可持续性发展四个维度构建综合评价指标体系。本章采用人均 GDP、财政收入比重、第二产业比重、第三产业比重、城镇化率（俞会新和黄晓明，2024）来衡量经济增长，农村居民人均消费支出、地方财政一般预算内收入来衡量收入分配，第二、第三产业就业比重、城镇登记失业率、教育经费投入强度、每万人卫生技术人员数、每万人医疗卫生机构床位数、城镇基本医疗保险参保人数、城市公共汽车和电车运营车辆数来衡量机会公平，科技支出占 GDP 比重、环境保护经费投入强度、生活垃圾无害化处理率来衡量可持续性发展，上述所用数据均来源于 2023 年的《中国城市统计年鉴》。

9.4.2 处置变量"智慧城市"政策虚拟变量

"智慧城市"试点政策。2012 年 12 月，住房和城乡建设部正式印发了《国家智慧城市试点暂行管理办法》和《国家智慧城市（区、镇）试点指标体系（试行）》两个文件，启动了国家智慧城市试点工作。首批国家智慧城市试点共 90 个，其中地级市 37 个、区（县）50 个、镇 3 个。国家智慧城市试点名单自 2012 年以来已经发布了三批。笔者将国家智慧城市试点名单与城市数据相匹配，选取华北地区三批试点共 21 个城市构建"智慧城市"试点政策虚拟变量。

9.4.3 控制变量

为了更加全面地反映"智慧城市"试点政策对包容性增长的作用机制，以及防止因遗漏对华北地区市级包容性增长可能产生影响的相关变量而造成内生性问题。针对 2000～2022 年我国在华北地区的"智慧城市"试点政策所涵盖的市级地区展开研究，根据已有理论和文献成果，在参考朱金鹤和庞婉玉（2023）相关资料的基础上，兼顾城市数据可得性，本章还控制了其他可能影响包容性增长的因素。控制变量的选择有利于提高研究的准确性和可靠性，优化研究结论。控制变量设置如下：城市建设用地面积比重、人口自然增长率、在岗职工工资总额、公路客运量。所选取的数据均来自国家统计局官网。

9.4.4 机制变量

根据"智慧城市"试点政策对包容性增长的影响传导机制，本章构建机制变量如表 9 - 2 所示。

表 9 - 2　　　　　　　　　变量设定

变量类型	变量名称	变量单位	指标属性
被解释变量	包容性增长指数	%	
核心解释变量	智慧城市试点政策		+
控制变量	城市建设用地面积比重	%	+
	人口自然增长率	%	+
	在岗职工工资总额	万元	+
	公路客运量	万人	+
中介变量	城市产业结构高级化值		+
	数字普惠金融指数		+
	互联网宽带接入用户	千户	+
	每百人新创企业数	个	+

（1）城市产业结构高级化值：体现城市产业结构由传统的劳动密集型和资本密集型向技术密集型和服务型转变的过程（付宏等，2013）。

（2）数字普惠金融指数：数字普惠金融是社会弱势群体链接金融服务与科学技术的重要渠道，数字普惠金融发展有利于增加低收入家庭参与金融投资的机会（郭峰等，2020）。

（3）互联网宽带接入用户：体现信息化发展水平。

（4）每百人新创企业数：体现创新水平与创业活跃度。数据来源于相关年份的《中国城市统计年鉴》。

9.5 | 实证结果分析

9.5.1 描述性统计分析

本章样本最终选取包括 2000～2022 年我国华北地区第一批次、第二批次以及第三批次共 21 个"智慧城市"试点地级及以上城市的数据，其中"智慧城市"试点政策名单来自住房和城乡建设部公布的名单以及工信部在其官网发布的官方信息，被解释变量、中介变量和控制变量的数据均来源于《中国城市统计年鉴》和 EPS 数据库。由于数据存在缺失值，将缺失值用线性插值法以及 trend 函数进行插补。采用熵值法对原始数据进行无量纲化处理，如表 9-3 所示，被解释变量 *Inclusive Growth* 的均值为 0.093，与最大值 0.661 相差不大，但仍具有一定差异性。在控制变量中，在岗职工工资总额的最小值和最大值相差最大，说明各样本数据中，在岗职工工资具有明显的差异性。城市建设用地面积比重均值处于 38.5% 左右，表明城市建设用地面积集中度较高。人口自然增长率最大值为 23.42，最小值为 -7.2，波动幅度较大，人口增加稳定性不足。公路客运量维持在一个较为稳定的水平上。

表9-3　　　　　　　　主要变量说明及描述性统计

变量名称	变量含义	样本量	均值	标准差	最小值	最大值
Growth	包容性增长指数	483	0.093	0.095	0.030	0.661
value	城市产业结构高级化值	483	1.174	0.798	0.273	5.283
finance	数字普惠金融指数	481	105.8	117.1	0	452.8
users	互联网宽带接入用户	481	970.2	1378	1.902	8773
startups	每百人新创企业数	483	0.956	0.662	0	3.464
proportion	城市建设用地面积比重	483	0.385	0.284	0.00694	1.31
rate	人口自然增长率	483	5.695	3.885	-7.2	23.42
salary	在岗职工工资总额	483	5044000	15500000	65751	127000000
passenger	公路客运量	483	6742	14614	73	132333

9.5.2　基准回归

智慧城市试点政策对包容性增长的影响，基于全部样本的双重差分回归结果如表9-4所示。列（1）未考虑控制变量的影响，智慧城市试点政策的估计系数为0.0507并且在1%水平上显著为正，初步验证了智慧城市试点政策对包容性增长的正向影响，验证了假设9-1。列（2）为加入时间和城市的固定效应后的回归，结果显示智慧城市试点政策的系数变为了0.0852并且在1%的水平上显著，验证了该政策对包容性增长的持续影响。通过列（6）可以看出，逐步引入控制变量后，智慧城市试点政策系数的方向和显著性并没有发生改变，再次验证了假设9-1。

表9-4　　　因变量为包容性增长指数（*Growth*）的基准回归结果

变量	（1）	（2）	（3）	（4）	（5）	（6）
time	0.0507 ***	0.0852 ***	0.0880 ***	0.1003 ***	0.0529 ***	0.0525 ***
	(0.0084)	(0.0113)	(0.0115)	(0.0115)	(0.0061)	(0.0060)
proportion			-0.2156	-0.1973	0.1866 **	0.1894 **
			(0.1726)	(0.1680)	(0.0873)	(0.0861)

变量	（1）	（2）	（3）	（4）	（5）	（6）
rate				6. 9357 *** （1. 3615）	2. 1100 ** （0. 7152）	1. 9683 ** （0. 7069）
salary					0. 9433 *** （0. 0271）	0. 9123 *** （0. 0281）
passenger						0. 1660 *** （0. 0465）
constant	0. 0714 *** （0. 0055）	0. 3933 *** （0. 0110）	0. 3932 *** （0. 0110）	0. 3492 *** （0. 0137）	0. 2031 *** （0. 0082）	0. 1909 *** （0. 0088）
时间固定效应	否	是	是	是	是	是
城市固定效应	否	是	是	是	是	是
N	483	483	483	483	483	483
R^2	0. 0684	0. 8498	0. 8500	0. 8580	0. 9623	0. 9633

注：* $p < 0.1$，** $p < 0.05$，*** $p < 0.01$，括号内的数据为标准误。

从控制变量来看，人口自然增长率和在岗职工工资总额对包容性增长有显著的推动作用。人口自然增长率可以通过影响劳动力的供给影响生产规模促进经济的增长进而促进更广泛的包容性增长，其次，人口自然增长率可以促进消费需求，扩大市场规模和推动供给侧结构性改革，为包容性增长提供动力。在岗职工工资总额也是包容性增长公平性体现的重要表现。通过列（6）可得，在岗职工工资总额对包容性增长的影响的回归系数为0.9123，且在1%的水平上显著为正，工资总额的增长对于促进消费拉动经济增长和提升生活质量增进社会稳定有突出作用，是包容性增长的重要基础。考虑城市建设用地面积比重和公路客运量的影响，智慧城市试点政策对于包容性增长的估计显著均为正，估计值分别为0.1894和0.1660，分别在5%和1%的水平上显著。总的来看，城市建设用地面积比重、人口自然增长率、在岗职工工资总额、公路客运量增加的协调作用对包容性增长具有促进作用。

9.5.3 Hausman 检验

考虑到回归模型的内生性问题，在数据分析之前，应先用 Stata 软件进行 Hausman 检验，检验结果如表 9-5 所示，p 值显示为 0.000，小于 0.01，因此可以使用固定效应模型。

表 9-5   Hausman 检验

变量	(1) Y (re)	(2) Y (fe)
time	0.0261 *** (11.5925)	0.0265 *** (12.7111)
proportion	0.0161 ** (2.8129)	0.0225 *** (4.0489)
rate	−0.0000 (−0.0252)	0.0003 (1.1281)
salary	0.0000 *** (32.5044)	0.0000 *** (32.6078)
passenger	0.0000 *** (5.6822)	0.0000 *** (4.4531)
constant	0.0538 *** (10.6197)	0.0514 *** (18.0461)
n	483	483
R-squared		0.818

注：$*p<0.1$，$**p<0.05$，$***p<0.01$，括号中为 t 值。

9.5.4 平行趋势检验

采用双重差分法必须符合平行趋势检验。本章选取了智慧城市试点政策实施前后 10 年间的年份虚拟变量作为解释变量进行平行趋势检验，结果如图 9-1 所示，2012 年为政策实施当期，纵坐标表示政策效应，在

2012 年试点之前，事前年份虚拟变量的系数并不显著，这说明试点政策执行前，各指标之间没有明显的系统性差异，政策效应从 2014 年延续到了 2018 年及以后，没有出现政策实施时点后立刻发生显著性改变的情况可能是因为智慧城市建设是现代科学技术、整合信息资源以及统筹业务应用系统的综合体，投入较大，周期长，并且政策推行难免会因地方基础设施水平和地理位置受到限制，在短期内难以看到显著的成效与反馈结果。后期整体呈现出增长趋势，说明试点政策执行促进城市包容性增长存在着一定的动态效应。因此本章采用双重差分法进行模型估计是合适的。

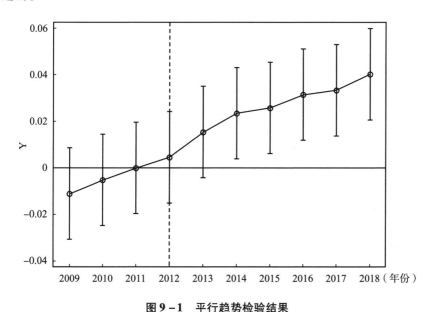

图 9 - 1 平行趋势检验结果

9.5.5 稳健性检验

1. 滞后解释变量

由于本章构建的模型可能存在相关变量的遗漏，并且，智慧城市与误差项相关，估计结果可能存在偏差，故尝试对其进行内生性检验。滞后一期：借鉴韩刚和李润琴（2024）等的研究，创建智慧城市的滞后一期变量，后在基准回归基础上引入变量。滞后两期：创建智慧城市的滞后两期变量，在基准回归基础上引入变量。由表9－6列（1）、列（2）可知滞后一期和滞后两期均存在正向显著性，与基准回归类似，表明具有稳健性。

表9－6　　　　　　　　因变量为 growth 的稳健性检验

变量	滞后一期解释变量	滞后两期解释变量	剔除弱内生性样本	剔除部分时间样本	PSM-DID	
	（1）	（2）	（3）	（4）	（5）	（6）
x	0.0238 *** (6.5323)	0.0213 *** (5.6299)	0.0415 *** (0.0069)	0.0534 *** (0.0061)	0.0282 *** (3.3686)	0.0450 *** (8.5223)
控制变量	是	是	是	是	是	是
地区效应	是	是	是	是	是	是
时间效应	是	是	是	是	是	是
Obs.	420	399	437	462	94	248
R-squared	0.883	0.885	0.6744	0.9623	0.973	0.983

注：$*p<0.1$，$**p<0.05$，$***p<0.01$，括号中为 t 值。

2. 剔除弱生性样本

由于各城市经济条件、基础设施建设，职能等的不同可能会影响估计结果的准确性，并且部分城市由多个政策共同影响，故我们剔除了经济发展条件好、城市基础设施建设完善的直辖市与省会，保留其他城市样本进行回归分析。由表9－6列（3）可知在剔除弱生性样本后智慧城市对包容性增长的回归系数存在正向显著性，与基准回归类似，表明具有稳健性。

3. 剔除时间样本

"智慧城市"试点政策于2012年正式启动，为排除政策实施第一年的样本影响，本章将2012年数据排除后进行回归分析。由表9－6列

（4）可知在剔除 2012 年样本后，智慧城市试点政策对包容性增长的回归系数存在正向显著性，与基准回归类似，表明具有稳健性。

4. PSM 倾向得分匹配法

为缩小选择偏差，有效降低 DID 估计时存在的偏误，本章采用 PSM - DID 进行稳健性检验。

将包容性增长、智慧城市试点政策、城市建设用地面积比重、人口自然增长率、在岗职工工资总额、公路客运量等作为变量，进行 Logit 回归。由图 9 - 2 可知，在进行倾向得分匹配之前，控制组核密度函数与实验组偏离较大；在进行倾向得分匹配之后，控制组与实验组核密度函数基本相似，匹配质量较好。由图 9 - 3 可知，匹配前变量的标准化偏差较大，匹配后变量的标准化偏差缩小，表明具有稳健性。

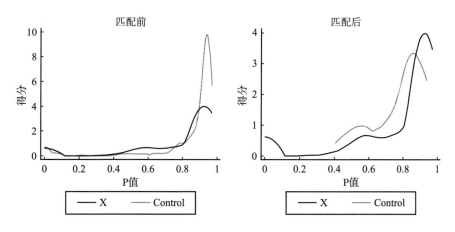

图 9 - 2 倾向得分匹配前（左）后（右）核密度函数对比

9.5.6 机制检验

1. 城市产业结构高级化的中介效应检验

本章根据研究假设及上文设定的模型，首先，尝试检验城市产业结构高级化水平的提高是否会在华北地级城市推行"智慧城市"试点政策的推行，在推动其包容性增长的过程中起到中介传导作用。如表 9 – 7 所示，在城市产业结构高级化值作为被解释变量的列（2）数据中，系数为 0.178，且在 1% 水平上显著，说明"智慧城市"试点政策对城市产业机构高级化值的提高有着显著的促进作用。在列（3）数据中，"智慧城市"试点政策的推行对包容性增长的回归系数估计值为 0.0186，且在 1% 水平上显著，表明"智慧城市"试点政策对包容性增长的直接效应为 0.0186，"智慧城市"试点政策所设定的虚拟变量每增加 1%，包容性增长会提升 0.0186%。城市是推进数字中国建设的综合载体，推进城市智慧化发展，是面向未来构筑城市竞争新优势的关键之举，"智慧城市"政策通过促进技术创新，推动产业结构向更高级化和合理化的方向发展。这种创新不仅包括技术的应用，还涉及管理、服务和商业模式的创新，从而提高城市的生产效率和产业的附加值。

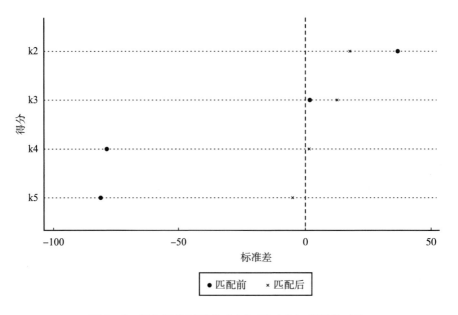

图 9 – 3　倾向得分匹配前（左）后（右）标准差对比

表 9 – 7　　　　　城市产业结构高级化的中介效应的估计结果

变量	(1)	(2)	(3)	(4)	(5)	(6)
time	0.0216 ***	0.178 ***	0.0186 ***	0.0216 ***	199.1 ***	0.000733
	(6.62)	(3.44)	(5.84)	(6.62)	– 47.71	– 0.09
mediator			0.0170 ***			0.000107 **
			(6.09)			(3.00)
控制变量	是	是	是	是	是	是
常数项	0.0640 ***	0.918 ***	0.0484 ***	0.0640 ***	13.26 **	0.0623 ***
	(17.86)	(16.18)	(11.26)	(17.86)	(2.89)	(17.36)
年份固定效应	是	是	是	是	是	是
城市固定效应	是	是	是	是	是	是
N	483	483	483	483	483	483
R^2	0.8859	0.5963	0.8942	0.8859	0.8785	0.8888

注：＊$p<0.1$，＊＊$p<0.05$，＊＊＊$p<0.01$，括号中为 t 值。

2. 数字普惠金融的中介效应检验

如表 9 – 7 所示，在数字普惠金融指数作为被解释变量的列（5）数据中，系数为 199.1，且在 1% 水平上显著，说明"智慧城市"试点政策对数字普惠金融指数的增加有着显著的促进作用。在列（6）数据中，"智慧城市"试点政策的推行对包容性增长的回归系数估计值为 0.000733，但没有显著性，这表明"智慧城市"试点政策设置的虚拟变量对包容性增长的作用完全可以被数字普惠金融所解释，可以认为数字普惠金融能够促进"智慧城市"试点政策对包容性增长具有促进作用。数字金融助力解决普惠金融的发展难题，普惠金融为数字金融提供广阔的应用空间，这样的双向作用形成良性循环。数字普惠金融能够促进技术创新，主要体现在解决融资约束问题上。技术创新能够提高全要素生产率，拉动经济增长，并且促进区域发展平衡和收入分配平等，从而形成良好的闭环，促进包容性增长。

3. 互联网宽带接入用户的中介效应检验

如表 9 – 8 所示，在互联网宽带接入用户作为被解释变量的列（2）

数据中，系数为739.8，且在1%水平上显著，说明"智慧城市"试点政策对互联网宽带接入用户的增加有着显著的促进作用。在列（3）数据中，"智慧城市"试点政策的推行对包容性增长的回归系数估计值为0.00695，且在10%水平上显著，"智慧城市"试点政策所设定的虚拟变量每增加1%，包容性增长会提升0.00695%。宽带用户数量的增加和网络质量的提升，为智慧城市的产业发展提供了基础设施支持。这有助于推动传统产业的数字化转型，促进新兴产业的发展，从而提高城市的经济活力和竞争力。

表9-8　　　　　　　　　中介效应的估计结果

变量	(1)	(2)	(3)	(4)	(5)	(6)
	Growth	*users*	*Growth*	*Growth*	*startups*	*Growth*
time	0.0216 ***	739.8 ***	0.00695 *	0.0216 ***	0.810 ***	− 0.00683 *
	(6.62)	(9.31)	(2.22)	(6.62)	(15.59)	（− 2.01）
mediator			0.0000197 ***			0.0351 ***
			(11.86)			(14.23)
控制变量	是	是	是	是	是	是
常数项	0.0640 ***	225.5 *	0.0597 ***	0.0640 ***	0.635 ***	0.0417 ***
	(17.86)	(2.58)	(18.72)	(17.86)	(11.40)	(12.30)
年份固定效应	是	是	是	是	是	是
城市固定效应	是	是	是	是	是	是
N	483	483	483	483	483	483
R^2	0.8859	0.6815	0.912	0.8859	0.4334	0.92

注：* $p < 0.1$，** $p < 0.05$，*** $p < 0.01$，括号中为 t 值。

4. 每百人新创企业数的中介效应检验

从表9-8来看，在每百人新创业企业数来看作为被解释变量的列（5）数据的系数为0.810，且在1%水平上显著，说明"智慧城市"试点政策对每百人新创业企业数的增加有着显著的促进作用。在列（6）数据中，在10%水平上显著，说明每百人新创企业数一定程度上能通过"智慧城市"试点政策对包容性增长有影响。智慧城市建设通过加强城市间的信息共享和合作，促进了区域间的协同发展，缩小了城乡差距，推动了区域经济的均衡发展。

9.5.7 异质性分析

为探究"智慧城市试点"政策对华北地区包容性增长的影响，本节将华北地区相关城市，划分为资源禀赋、工业发展基础、城市等级和城市定位四个子类，分别揭示智慧城市试点政策对于包容性增长的异质性效应，为进一步剖析各子类间的差异，本节采用组间系数差异检验对回归结果进行分析，似无检验结果显示，除较发达和欠发达城市之间不存在显著差异，其他分组均显示出异质效应，具体回归结果见表9-9和表9-10。

表9-9   回归结果对比

变量	(1)		(2)		(3)	
	资源型	非资源型	老工业城市	非老工业城市	省会、直辖市	非省会、非直辖市
broadband	0.0326 ***	0.028	0.0245 ***	0.0220	0.0229	0.0333 ***
	(3.1239)	(1.4271)	(4.7653)	(1.4559)	(0.9852)	(3.8370)
时间固定效应	是	是	是	是	是	是
城市固定效应	是	是	是	是	是	是
R^2	0.3445	0.9249	0.8849	0.8839	0.9501	0.4252
样本量	299	184	161	322	115	368

注：*$p < 0.1$，**$p < 0.05$，***$p < 0.01$；括号中为t值。

表9-10   城市等级异质性分析

变量	(1)		(2)		(3)	
	发达城市	较发达城市	发达城市	欠发达城市	较发达城市	欠发达城市
broadband	0.0157	0.0604 ***	0.0157	0.0345 ***	0.0604 ***	0.0345 ***
	(0.6191)	(7.3510)	(0.6191)	(2.7341)	(7.3510)	(2.7341)
时间固定效应	是	是	是	是	是	是
城市固定效应	是	是	是	是	是	是
R^2	0.9411	0.8684	0.9411	0.2148	0.8684	0.2148
样本量	115	138	115	230	138	230

注：*$p < 0.1$，**$p < 0.05$，***$p < 0.01$；括号中为t值。

1. 资源禀赋

具有资源优势的城市往往将经济重心放在资源开发及相关产业上，经济结构单一。资源型产业发展会吸引大量资金和人才，多元化产业发展相对滞后，导致经济增长动力不足，而且单一的经济结构使得城市在面对外部风险时缺乏缓冲和应对能力，长期的资源开采对生态环境造成严重破坏，转变资源型城市的经济发展模式迫在眉睫。为考察不同资源禀赋下智慧城市试点对城市包容性增长影响的差异，本章依据《全国资源型城市（2013）》将所有样本城市划分为资源型城市和非资源型城市，具体回归结果见表9-9列（1）。

可以看出，在以包容性增长为被解释变量的资源型城市分组回归中，资源型城市的回归系数为0.0326，且在1%水平上显著，而对于非资源型城市，智慧城市试点政策虚拟变量的回归系数并不显著，说明智慧城市建设显著推动了资源型城市的包容性增长，而对于非资源型城市的包容性增长影响较小。究其原因，非资源型城市的产业相对多元化，但各产业之间的融合度较低，各产业链之间很难进行整合和协同创新，无论是高端技术人才还是外部投资，智慧城市建设成效并不显著。相对而言，资源型城市产业集中度高，基础设施建设较为完备，各产业链环节可以更好地实现信息流通和协同发展，坚实的产业基础有利于经济发展模式的转变，能够产生兼顾绿色和效率。因此，智慧城市建设对资源型城市包容性增长表现为更加显著的促进作用。

2. 工业发展基础

重工业的发展水平是一个国家经济实力的重要标志。重工业通常以大规模生产和低成本竞争为主要发展模式，以劳动密集型产业为主要产业类型，缺乏创新氛围和创新资源，导致区域发展不平衡，经济转型与升级较为困难。另外，以高投入、高耗能为主的重工业对当地绿色产业发展形成一种阻碍。老工业城市现在面临着失业、人口流失、社会保障压力大等社会问题。因此，为深入探究智慧城市试点能否推动老工业城市经济转型升级和促进包容性增长，本章基于《全国老工业基地调整改造规划（2013—2022 年)》，将样本城市分为老工业城市和非老工业城市，并进行分组回归，具体回归结果见表 9−9 列（2）。

如表 9−9 列（2）所示，与非老工业城市相比，"智慧城市试点"政策对老工业城市的包容性增长影响较为显著。近年来，老工业城市积极响应国家"双碳"目标，推动传统产业的技术改造和升级，引入先进的生产技术和设备，提高生产效率，推动传统产业绿色化发展。而且，老工业城市凭借扎实的产业基础，不断延伸产业链，发展上下游相关产业，形成产业集群，提高产业整体竞争力。在"智慧城市试点"政策的支持下，老工业城市加大对高新技术产业的投入，积极引进高层次人才和创新团队，打造高新技术特色产业，推动当地包容性增长。

3. 城市定位

随着改革开放的推进，中国的城市化进程不断加速，省会城市和直辖市是各省、各市的政治、经济和文化中心。相较于非省会城市，省会城市和直辖市通常是区域的经济中心，汇聚了大量企业和人才资源，带动了全省经济的快速发展。作为国家重点建设的城市，省会城市和直辖市在城市规划建设、绿色发展等方面也发挥着重要作用。本章将所有样本城市划分为直辖市、省会城市和非直辖市、非省会城市两大类，并进行分组回归分析，见表 9−9 列（3）。

由图表所示，相较于省会直辖市，"智慧城市试点"政策对非省会非直辖市的包容性增长具有显著作用。省会直辖市发展起步早，存在着大量旧有的基础设施，而且省会直辖市的智慧城市建设规模大、标准高，需要投入大量的资金用于基础设施建设，增加了智慧城市建设的风险。相比于省会直辖市，非省会直辖市在智慧城市建设过程中面临的传统体制和既有模式的束缚相对较小，有更大的创新空间，在这些城市自身的特色资源和发展需求的加持下，智慧城市建设对该城市包容性增长的作用更加凸显。

4. 城市等级

现阶段，中国的区域经济发展面临不均衡的状况，智慧城市建设对不同等级城市包容性增长的影响也有所差异。为分析智慧城市建设影响不同等级城市包容性增长的差异性分析，本章基于《2024 中国城市商业魅力排行榜》，将一线、二线城市划分为发达城市，三线城市划为较发达城市，四线、五线城市划为欠发达城市，并进行分组回归，回归结果见表 9 – 10。

可以看出，"智慧城市试点"政策对较发达和欠发达城市的包容性增长较为显著，较发达城市和欠发达城市之间的差异较小。相较于发达城市来说，智慧城市建设为欠发达城市的新兴产业发展提供了广阔的空间和机遇，同时促进了传统产业升级，信息化管理提高了城市的管理水平和促进了城市的可持续发展。发达城市的信息化程度高、集约度高，存在着泄露的风险，同时冲击了传统行业，给就业调整带来压力，智慧城市建设对发达城市的包容性增长的影响较小。较发达城市在智慧城市建设的规模和复杂性上可能不及发达城市，但建设灵活度高，试错成本相对较低。随着智慧城市建设的推进，多元化的新兴产业将在较发达城市大量涌现，为人才培养和就业提供了广阔的发展空间，在较发达城市包容性增长呈正向促进作用。

9.6 本章小结

智慧城市建设为实现高质量可持续发展提供保障，深入剖析智慧城市建设试点政策对包容性增长的机制作用有助于更好地推动城市顺应国家政策，从而制定更具有针对性的科学发展策略。本章以华北地区 21 个地级市为研究对象，从经济增长、收入分配、机会公平、可持续性发展四个方面出发，综合测算 2000～2022 年华北地区智慧城市试点城市的包容性增长水平，结合相关政策背景，检验智慧城市试点政策对城市包容性增长的政策冲击影响及传导机制，探究智慧城市这一试点政策影响不同资源禀赋、工业发展基础、经济发展程度以及省会城市与非省会城市的异质性表现。本章可能的创新性贡献如下：首先，在定量测算华北地区各试点城市包容性增长水平的基础上，从理论与实证两个层面阐释了智慧城市建设对城市包容性增长的促进效应，并从城市产业结构高级化、数字普惠金融发展水平、信息化发展普及程度、创新创业活跃度等多个视角出发，明晰智慧城市建设影响包容性增长的传导机制，为相关研究提供可借鉴补充；其次，关注多维度地区差异，通过异质性分析，为共同富裕目标的实现与区域的更加协调发展在实证上提供支撑，提高研究结论的可信性。

基于我国高质量发展的战略背景，在智慧城市的推动下，这一政策效果是否显著实现了试点城市的包容性增长？智慧城市建设影响包容性增长的作用机制是怎样的？具体到不同的发展领域，智慧城市的创新激励效应是否存在异质性？科学回应上述问题，有利于廓清智慧城市建设对于包容性增长的政策效应，对实现新的经济增长目标模式，促进平衡性与包容性的城市格局具有重要的学术价值和现实意义。

本章基于中国华北地区 21 个地级市 2000～2022 年的面板数据，构建双向固定效应的双重差分模型，构建"智慧城市"政策虚拟变量以此分析对包容性增长的影响。研究结论如下：

第一，智慧城市试点政策对包容性增长具有显著性的正向影响。

第二，智慧城市试点政策能够通过促进产业结构升级、提升数字普惠金融发展水平与信息化普及程度，以及鼓励创新创业行为进一步提高包容性增长水准。

第三，智慧城市试点政策对不同地区城市的资源禀赋、工业发展基础、城市等级、城市定位等存在较为显著的异质性。通过分析可以发现资源型城市受智慧城市试点政策的影响较为显著，且资源型城市具备坚实的产业基础有利于经济模式的发展和转变，以便更好地实现包容性增长；智慧城市试点政策对老工业城市的包容性增长影响较为显著，在智慧城市试点政策的支持下，老工业城市不断增强创新意识，推动当地包容性增长；智慧城市试点政策对较发达和欠发达城市的包容性增长均为显著，较发达城市和欠发达城市之间的差异较小，多元化的新兴产业将在较发达城市大量涌现，为人才培养和就业提供了广阔的发展空间，在较发达城市包容性增长呈正向促进作用；智慧城市试点政策对非省会非直辖市的包容性增长具有显著作用，非省会直辖市在智慧城市建设过程中有更大的创新性发展空间。

第10章

绿色金融政策对包容性绿色增长的影响

　　自 1978 年改革开放以来，我国经济实现了高速增长，创造了令世人瞩目的经济发展奇迹。根据国家统计局数据，从 1978～2022 年，我国的经济在世界的排名由第 11 上升到第 2，货物贸易总额居全球第 1。人均 GDP 从 200 多美元上升到 1.27 万美元。然而，虽然经济在高速增长，但是经济高速发展中长期积累的矛盾和问题也在凸显。具体表现为：产业结构转型升级缓慢和核心基础技术创新空心化、核心技术依赖进口以及追求人民幸福生活目标过程中，仍存在着地区生态环境恶化、公共服务不均等化、区域间收入差距逐渐扩大等现实困境。上述问题十分不利于我国经济向高质量发展迈进。而这意味着在此背景下，转变经济发展方式和推动产业结构转型升级再次进入关键时期，具体的要求是在不断解放和发展生产力的同时，不但要实现以推动区域间协调发展、保障居民收入公平为目标的包容性经济增长，而且要提倡经济绿色环保发展。因此，如何在经济高质量发展过程中既保证公平又保证绿色环保成为一个十分重要且无法回避的问题。

　　包容性经济绿色增长不同于传统经济增长，从根本上可以理解为以协调、共享、普惠、绿色为理念的经济增长。其核心含义是围绕"公平"与"绿色增长"两个目标来协调可持续发展。王上铭（2016）采用泰尔指数模型测算我国的包容性经济增长的指数，其研究结果表明在教育、医疗、科技等领域的财政支出规模能够促进我国的包容性经济增长。如果说包容性经济增长将成为未来我国经济高质量发展的主要方向，绿色金融政策则会有效促进包容性经济增长。从最新的研究来看，已经有不少文献分析了普惠金融对包容性经济增长有显著积极影响（郝云平等，2018；唐宇等，2020）。当然，对于绿色金融政策是否以及如何影响包容性增长，也有大量学者进行了探索。宁译萱等（2023）采用熵值法测算并构建耦合协调模型分析了长江中游城市群绿色金融与绿色创新效率，认为各地市间虽存在差异，但各有特色。林木西等（2023）通过双重差分法来评价估计各个试验区绿色金融政策对城市经济高质量发展的影响成效。研究结果表明要想实现经济高质量发展，需要通过资本产出效应和绿色要素替代效应促进产业结构转型升级。李素峰等（2024）借助空间杜宾模型，立足空间溢出效应视角进行研究，结果表明绿色金融和环境规制对京津冀经济高质量发展有促进作用。张林等（2024）认为我国绿色金融发展与经济绿色转型二者之间呈现相互促进、同步发展的趋势。陈小运等（2024）认为绿色金融政策引导资金流向资源节约型的环境保护型产业，有利于促进绿色企业生产率提升，从而助力实现经济高质量发展的研究结论。综合以上相关研究成果，可以看出当前我国学术界有关绿色金融政策对经济转型增长的影响研究多从包容性经济增长等一方面展开，而绿色金融政策影响包容性绿色增长的研究成果相对较少。对此，本章重点对绿色金融政策效应评估结果的分析，将进一步丰富绿色金融政策落实的研究理论，存在一定的理论创新价值。

从当前现实背景来看，绿色金融的发展是大势所趋。陈游（2018）认为我国已经进入经济结构调整以及发展方式转变的关键阶段，绿色金融成为金融业务发展的趋势和潮流。彭珊（2019）认为资金融通和储蓄投资转化是现阶段发挥绿色金融功能的重要手段。吴成颂等（2022）认为中国绿色金融效率呈现出"东部—西部—中部—东北"依次递减的格局，在空间分布上显现出一定程度的聚集现象和两极分化态势。刘璐等（2024）采用 PVAR 模型对中国碳金融、绿色信贷与绿色保险间的动态关联性及其影响因素进行实证分析。研究结果表明通过提升宏观 ESG、环境规制以及金融数字化水平，有助于促进绿色金融体系协调发展。

从另一个角度来看，目前，我国还存在地区发展不平衡、不充分的问题，从经济总量、研发经费投入、营商软环境等方面来看，东西部地区之间仍然有很大的差距，而在资金、技术、人才等要素的供给上，中西部地区仍然受到一些限制，跨区域之间的合作共享机制并不完善，而这些都是制约着中西部地区发展的主要因素。

陈智莲等（2018）认为西部地区作为中国最重要的生态屏障，同时也是生态脆弱地区，应摒弃"先污染后治理"的发展观念，通过实施绿色金融政策来促进产业结构的优化升级，实现经济的高质量发展，并针对目前西部地区绿色金融支持产业结构优化过程中存在的问题提出了相应的政策建议。傅亚平等（2020）认为发展绿色金融和增加研发投入均能显著促进区域经济增长。孟科学（2023）研究认为，绿色金融与共同富裕之间具有显著正向关系，以技术进步和产业升级为表征的企业产能改善对该关系发挥了正向调节作用。李玉梅等（2023）认为绿色金融能够提升本区域的经济韧性，并通过空间溢出效应对周边区域的经济韧性产生积极影响。林凯等（2024）认为一个地区的绿色金融不仅可以促进当地经济高质量发展，也能对其他邻近地区的经济高质量发展产生影响。基于此，绿色金融能够降低原有地理划分下的地区经济发展差距。

因此，本章以我国 286 个地级及以上城市为研究对象，从经济增长、收入分配、福利惠及、环保减排四个方面入手，综合测算 2012~2021 年我国城市包容性绿色增长水平，并结合"绿色金融"政策背景，分析绿色金融政策对包容性绿色增长的影响机制，探讨绿色金融政策对各个资源类型、三大产业发展基础、城市经济发展水平的影响，进一步评估绿色金融政策的区域协调效应（张涛和李均超，2023）。

10.1 政策背景与研究假设

10.1.1 绿色金融政策背景

众所周知，绿色金融政策是以建设生态文明为目标，采用信贷、保险、证券、税收以及其他金融衍生工具的手段，通过促进节能减排和经济资源环境协调发展的宏观调控政策，提高绿色项目的产出价格和降低投资成本，以推动实现经济的绿色化转型。

关于绿色金融发展，政府出台了一系列的政策，大力支持绿色金融发展，如 2015 年，出台《绿色信贷指引》文件，指出如何发展绿色信贷；2016 年，将绿色金融纳入我国"十三五"规划中，明确发展方向；2017 年，支持多地创建绿色金融试验区，推动绿色金融发展体系建立；2022 年，"十四五"规划再次明确了绿色金融的建设标准。由此可见，绿色金融发展已经受到了国家的高度重视。基于此，绿色金融成体系发展，也将助推我国经济高质量发展。

10.1.2 研究假设

绿色金融政策，就是金融有目的地引导社会经济资源向绿色经济进行配置。我们知道，中国的发展伴随着高投入、高耗能、高污染，发展绿色经济，用金融去引导绿色低碳的生产生活方式已势在必行，是未来的发展方向。在绿色金融试点政策的支撑下，传统企业的经营模式不断改善升级，向绿色化转型，保护了生态环境，体现出绿色包容增长的特征。因此，提出如下待检验假设：

假设 10－1：绿色金融试点政策能够促进城市包容性绿色增长。

随着社会经济的发展和科技进步，城市包容性增长已成为城市发展的重要战略目标。绿色金融试点政策的出台，为城市的低碳、环保、可持续发展提供了重要的支持和保障。绿色金融试点政策的实施打破了传统市场壁垒，数据要素进行了快速有效流通，有利于激发市场的创新活力。然而，因为每个城市的先天条件不同，资源不同，绿色金融试点政策可能对他们的影响效果不同。因此，提出如下待检验假设：

假设 10－2：绿色金融试点政策对资源与等级不同的城市绿色包容性影响效果不同。

10.2 模型构建与数据来源

10.2.1 模型构建

本章的主要目的是探究绿色金融政策对城市包容性绿色增长的影响，并且更加注重机器学习在因果推断领域的应用。

相较于双重差分法，本章采用的双重机器学习在变量选取、模型参数估计等方面具有更大的优势。但是，由于变量间存在着多个相关性，以及在处理高维数据时会存在的"维度诅咒"等问题，这些都会对模型估计精度产生很大的影响。所以在模型估计中尽可能加入一些控制因素。在双重机器学习的正则化算法的基础上，为了解决由于"维度诅咒"以及由于控制变量数目过少而导致的估算偏差问题，通过对已设定的高维控制变量序列进行自动筛选。同时，在我国区域经济发展过程中，各变量之间很容易形成非线性关系，而传统的多变量线性回归模型的构建方法存在较大的缺陷，容易导致估计结果的不稳健。

首先，参考张涛和李均超（2023），构建部分线性的双重机器学习模型如下：

$$Y_{it+1} = \theta_0 Event_{it} + g(X_{it}) + U_{it} \tag{10-1}$$

$$E(U_{it} \mid Event_{it}, X_{it}) = 0 \tag{10-2}$$

其中，i 为城市；t 为年份；Y_{it+1} 是被解释变量城市包容性绿色增长；$Event_{it}$ 是"绿色金融"的政策变量，设置试点城市为 1，非试点城市则为 0；θ_0 为本章重点关注的处置系数。X_{it} 为高维控制变量集合，需采用机器学习算法估计具体形式 $\hat{g}(X_{it})$，U_{it} 为误差项，条件均值为 0（张涛和李均超，2023）。直接对式（10-3）、式（10-4）进行估计得到的处置系数估计量为：

$$\widehat{\theta_0} = \left(\frac{1}{n} \sum_{i \in I, t \in T} Event_{it}^2 \right)^{-1} \frac{1}{n} \sum_{i \in I, t \in T} Event_{it} \left[Y_{it+1} - \hat{g}(X_{it}) \right] \tag{10-3}$$

为了加快收敛速度，从而使得处置系数估计量在小样本下满足无偏性，在此基础上构建的辅助回归结果如下：

$$Event_{it} = m(X_{it}) + V_{it} \tag{10-4}$$

$$E(V_{it} \mid X_{it}) = 0$$

其中，$m(X_{it})$ 为处置变量对高维控制变量的回归系数，同样需要采用机器学习算法估计其具体形式 $\hat{m}(X_{it})$，V_{it} 为误差项，条件均值为 0。

$$Y_{it+1} = g(Event_{it}, X_{it}) + U_{it} \tag{10-5}$$

$$Event_{it} = m(X_{it}) + V_{it} \tag{10-6}$$

交互式模型获得处置效应的估计系数为：

$$\theta = E \left[g(event_{it} = 1, X_{it}) - g(event_{it} = 0, X_{it}) \right] \tag{10-7}$$

10.2.2 变量选择

（1）被解释变量：城市包容性绿色增长。

本章将城市包容性绿色增长作为被解释变量，通过经济增长、收入分配、福利普惠、环保减污等指标体系反映城市包容性经济增长变化。具体如表 10-1 所示。

表 10-1   包容性绿色增长指标体系

被解释变量	变量	变量含义
包容性绿色增长	经济增长	人均 GDP
		GDP 增长率
	收入分配	城镇居民人均可支配收入
		乡村居民人均可支配收入
		城乡收入比
	福利普惠	城镇基本医疗保险参保人数
		城镇职工基本养老保险参保人数
		失业保险参保人数与年末总人口之比
		每万人公共图书馆图书数
		每万人公共图书馆图书数
	环保减污	每万人工业二氧化硫排放量
		工业废水排放量
		工业烟（粉）尘排放量
		一般工业固体废物综合利用率
		污水处理厂集中处理率

资料来源：2023 年《中国城市统计年鉴》。

（2）处置变量：绿色金融政策虚拟变量。

（3）控制变量。

本章选取了教育投入、科技投入、城市化水平、固定资产投资、居民消费、产业结构、政府干预、失业水平、金融规模、人力资本等作为控制变量体系，并对控制变量取对数以避免控制变量与被解释变量发生双向因果问题。具体如表 10-2 所示。

表 10 – 2　　　　　　　　　　控制变量指标体系

类型	变量	变量含义
控制变量	教育投入	教育支出与地区 GDP 之比
	科技投入	科学技术支出与地区 GDP 之比
	城市化水平	每平方公里人口数的自然对数
	固定资产投资	固定资产投资总额与地区 GDP 之比
	居民消费	社会消费品零售总额与地区 GDP 之比
	产业结构	第三产业增加值与第二产业增加值之比
	政府干预	地方一般公共预算支出与地区 GDP 之比
	失业水平	年末城镇登记失业人员数与年末总人口数之比
	金融规模	年末金融机构人民币各项存贷款余额与地区 GDP 之比
	人力资本	普通小学、普通中学、普通高等学校个数
		在校学生数的自然对数

资料来源：财政部、环境保护部、银保监会、证监会公布的绿色金融政策试点城市名单。

10.3　数据处理和描述性统计

　　用于衡量被解释变量，包容性绿色增长的指标中，城镇基本医疗保险参保人数、城镇职工基本养老保险参保人数以及失业保险参保人数均从 2012 年开始统计，由于各地级市乡村居民人均可支配收入 2014 年之前数据缺失，数据最终为乡村居民人均纯收入，统计口径前后不同，因此，本章以中国 286 个地级及以上城市为研究对象，将 2012 ~ 2021 年作为被解释变量数据区间，为避免控制变量与被解释变量的双向因果问题，同时考虑到绿色金融政策效应发生可能存在一定滞后性，将所有解释变量均滞后一期，最终数据区间为 2011 ~ 2020 年，缺失数据主要采用插值法进行插补。另外，为了统一量纲，本章对部分控制变量进行取自然对数。主要变量的描述性统计如表 10 – 3 所示。

表 10 - 3　　　　　　　　　　　描述性统计

变量		计算方法及符号表示	均值	标准差	最小值	最大值
被解释变量		包容性绿色增长（*igg*）	0.112	0.0903	0.00816	0.752
处置变量		绿色金融试点政策虚拟变量（*greenfinance*）	0.007	0.085	0	1
控制变量	教育投入	教育支出与地区 GDP 之比（*edu*）	353.100	183.100	0.000419	1486
	科技投入	科学技术支出与地区 GDP 之比（*sci*）	28.010	28.120	1.282	631.000
	城市化水平	每平方公里人口数的自然对数（*urban*）	5.730	0.940	0.683	7.882
	固定资产投资	固定资产投资总额与地区 GDP 之比（*inv*）	8543	3656	72.860	26876
	居民消费	社会消费品零售总额与地区 GDP 之比（*consump*）	3859	1222	0.311	20626
	产业结构	第三产业增加值与第二产业增加值之比（*constru*）	1.031	0.580	0.114	5.348
	政府干预	地方一般公共预算支出与地区 GDP 之比（*fis*）	2044	1036	438.800	9155
	失业水平	年末城镇登记失业人员数与年末总人口之比（*unemp*）	0.00914	0.122	0.000441	6.509
	金融规模	年末金融机构各项存贷款余额与地区 GDP 之比（*size*）	24717	12150	5879	213018
	人力资本	普通小学、普通中学、普通高等学校在校学生数的自然对数（*cap*）	13.090	0.788	10.340	15.370

10.4

实证结果分析

10.4.1 "绿色金融"试点政策对城市包容性绿色增长的政策效应

以双重机器学习模型为基本原理，本章通过探究绿色金融政策对城市包容性绿色增长的政策效应进行参数估计，对主回归和辅助回归分别使用随机森林算法进行预测求解，在样本分割比例为1∶4的条件下，得出表10-4所示结果。首先，可以发现控制城市固定效应其他城市变量的一次项以及时间固定效应时，模型（1）的绿色金融政策对城市包容性绿色增长的回归系数为正，同时在5%的水平上显著。其次，在模型（1）的控制不变的条件下，进一步对模型（2）控制了城市变量的二次项，回归系数结果依然为正数，且在5%的水平上显著，数值变化相对模型（1）不大，说明绿色金融政策能够提升城市的包容性绿色增长水平，假设10-1得到验证。

表10-4　　　　　　　　　　　　基准回归结果

变量	(1)	(2)	(3)	(4)	(5)	(6)
	IGG	IGG	EG	ID	WB	PR
Greenfinance	0.017 **	0.018 **	0.057	0.012	0.027 *	0.002
	(0.007)	(0.007)	(0.030)	(0.020)	(0.013)	(0.021)
控制变量一次项	是	是	是	是	是	是
控制变量二次项	否	是	是	是	是	是
时间固定效应	是	是	是	是	是	是
城市固定效应	是	是	是	是	是	是
样本量	2860	2860	2860	2860	2860	2860

注：括号中为 P 值；* $p<0.1$，** $p<0.05$。

为进一步探究绿色金融政策对包容性绿色增长对于各层面指标的具体影响，将对表10-4中模型（3）~模型（6）分别给出的回归系数进行分析。首先，模型（3）~模型（4）表明，虽然绿色金融政策对经济增长和收入分配的回归系数为正，且前者（0.057）大于后者（0.012），但并没有通过显著性检验。绿色金融政策虽能够带来资金支持，但从企业发展角度来看，增加了企业成本。对于生产企业而言，由于生产过程中需要环保材料，并且在排放时提高排放标准，将导致企业的成本增加，一定程度上导致经济效益降低，两种效应相抵消，绿色金融政策在促进城市经济增长上的平均效应并不显著。其次，在绿色金融政策对收入分配回归系数虽为正（0.012），但并没有通过显著性检验，说明绿色金融政策对收入分配没有显著影响城市社会包容性绿色增长。另外，就政策效应而言，绿色金融政策的实施对福利普惠的模型（5）中，影响效应在10%水平上显著为正，这是因为绿色金融政策带来丰富的资金，推动绿色环保企业的发展，提供就业岗位，推动了参保人数持续增长。最后，绿色金融政策对环保减污的回归系数虽为正，但并没有经过显著性检验。这是因为绿色金融政策虽能够促进引导产业绿色转型升级，推动环境与经济协调发展，然而，政策实行前期为生产以及排放淘汰的设备产生的垃圾，以及政策落实并没有导致重污染企业在短时间内大幅度减少污染，两种结果相抵消，最终绿色金融政策在降低城市环境污染上的效应并不显著。

10.4.2 稳健性检验

1. 剔除异常值影响

考虑到回归样本中可能有异常值会导致估计的结果产生偏差，因此，将基准回归中除虚拟变量外的所有解释变量数据均进行1%和5%的缩尾处理然后再进行回归分析。结果表明，剔除异常值后回归系数依然显著，且两次结果变化不大，绿色金融政策能够促进城市包容性绿色增长发展的结论没有改变，结果如表10-5所示。

表10-5   稳健性检验

变量	缩尾处理	
	1%缩尾	5%缩尾
Greenfinance	0.017 *	0.017 *
控制变量一次项	是	是
控制变量二次项	是	是
时间固定效应	是	是
城市固定效应	是	是
样本量	2860	2860

注：* $p < 0.1$。

2. 重设双重机器学习模型

机器学习稳健性标准误如表 10 – 6 所示。

表 10 – 6　　　　　　　机器学习稳健性检验

变量	(1) 改变样本分割比例		(2) 更换机器学习模型			(3) 交互式模型
	Kfolds = 3	Kfolds = 8	Lassocv	Gradboost	Nnet	
Greenfinance	0.020 * (0.008)	0.024 ** (0.009)	0.081 * (0.073)	0.019 * (0.018)	0.103 *** (0.004)	0.013 *** (0.003)
控制变量一次项	是	是	是	是	是	是
控制变量二次项	是	是	是	是	是	是
时间固定效应	是	是	是	是	是	是
城市固定效应	是	是	是	是	是	是
样本量	2860	2860	2860	2860	2860	2860

注：* $p<0.1$，** $p<0.05$，*** $p<0.01$；括号中为 t 值。

我们将从以下三个方面入手排除双重机器学习模型设定偏误对结论产生影响，验证结论的稳健性：首先，通过改变开始的 1∶4 样本比例为 1∶2 和 1∶7，研究样本分割比例是否会对结论产生影响。其次，预测算法对结论可能会产生影响，将分别用套索回归、梯度提升以及神经网络算法替换先前随机森林的预测算法进行预测。最后，为研究模型变化是否会对结论产生影响，通过构建双重机器学习更为一般性的交互式模型。用于分析的主回归和辅助回归变更如下：

$$Y_{it+1} = g(Event_{it}, X_{it}) + U_{it} \qquad (10-8)$$

$$Event_{it} = m(X_{it}) + V_{it} \qquad (10-9)$$

交互式模型获得处置效应的估计系数为：

$$\theta = E[g(event_{it}=1, X_{it}) - g(event_{it}=0, X_{it})] \qquad (10-10)$$

通过上述重设双重机器学习模型后获得的回归结果发现，无论从双重机器学习模型的样本分割比例、用于预测的机器学习算法还是模型估计形式哪个方面进行改变，绿色金融政策能够对城市包容性绿色增长有正向显著影响均成立，仅在一定程度上改变政策效应的大小，能够有力说明原结论稳健。

10.4.3 异质性分析

1. 资源优势

每个城市的先天条件不同，资源拥有情况不同。存在资源优势的城市在发展时会依赖于传统的能源、矿产等资源开采业务，对生态环境造成破坏。为考察不同资源条件下绿色金融试点政策的实施对城市包容性绿色增长的影响差异性，本章根据《全国资源型城市可持续发展规划（2013—2020年）的通知》将所选的样本城市进行划分，将资源型城市记为1，非资源型城市记为0，进行分析检验。具体回归结果如表10-7所示。可以看出，绿色金融试点政策对资源型城市不显著，但对于非资源型城市显著，回归系数为0.02，说明绿色金融试点政策对非资源型城市的包容性绿色增长存在显著正向影响，但不能有效促进资源型城市发展。基于上述结论，假设10-2得到了验证，绿色金融试点政策对资源优势不同的城市影响效果不同。

表10-7　　　　　　　　　　异质性分析

变量	(1) 发达城市	(2) 较发达城市	(3) 欠发达城市	(4) 非资源型	(5) 资源型
Greenfinance	0.055 (1.61)	0.001 (0.04)	0.055*** (2.64)	0.055*** (2.90)	0.020 (1.32)
控制变量一次项	是	是	是	是	是
控制变量二次项	是	是	是	是	是
时间固定效应	是	是	是	是	是
城市固定效应	是	是	是	是	是
样本量	488	691	1681	1710	1150

注：*** $p < 0.01$；括号中为 t 值。

2. 城市等级

为研究绿色金融试点政策的实施对不同等级城市包容性绿色增长的差异性表现原理，本章根据《2020 中国城市商业魅力排行榜》，将一线、二线城市划分为经济发达城市记为 1，三线城市划分为较发达城市记为 2，四线、五线城市划分为欠发达城市记为 3，并进行回归分析（张涛和李均超，2023），具体回归结果如表 10 – 7 所示。表中结果显示，绿色金融试点政策对欠发达城市包容性绿色增长具有显著为正的影响。因此，绿色金融试点政策的实施对于欠发达城市的发展至关重要，能够改善城市绿色金融体系大环境，有利于城市向包容、绿色发展方向迈进。发达城市和较发达城市绿色金融水平较高，绿色金融体系相对完善，绿色金融试点政策的实施效果未能充分显现。基于上述结论，假设 10 – 2 得到了验证，绿色金融试点政策对城市等级不同的城市影响效果不同。

10.5 本章小结

在环境保护意识和气候变化问题日益凸显的大背景下，以绿色金融为代表的一种新型金融创新模式受到了社会各界的普遍重视，特别是在我国城市化进程中，这种创新模式更是被列为国家重大战略措施之一。城市包容性增长是包容性增长和绿色增长发展理念的整合，目的是实现城市的经济、社会、环境可持续发展。而绿色金融作为一种以追求环境与经济效益为核心的金融方式，其根本目的是通过为环境保护和可持续发展提供资金支持，引导资源从高污染、高能耗产业流向理念、技术先进的部门，从而推动经济发展与环境治理，达到经济、环境、社会可持续协调发展（吴亦洲，2023）。

本章基于 286 个城市被解释变量 2012～2021 年和解释变量 2011～2020 年的面板数据，通过采用双重机器学习模型，来检验绿色金融政策对城市包容性增长是否有正向影响。

对此，本章得出的研究结论主要包括三个方面：一是绿色金融政策的实施对促进城市包容性绿色增长有明显效果。尤其是对社会福利有显著影响。二是尽管目前对经济增长和环保减污的效益不是很显著，但是存在一定的正向影响。三是绿色金融政策在资源和城市等级上存在异质性差异。

具体来说，对经济发展、收入分配和环保减污的影响虽是正向，但并不显著。由于高污染企业转型过程中需要对设备进行更新换代，需要耗费大量的资金，且企业目前运行时间较短，资金链周期还未完全闭环，导致经济效益不明显。同时产生的旧设备与淘汰的生产库存材料短期内对环境产生的负向影响依旧存在，因此在目前政策实施前期阶段，绿色金融政策对城市包容性绿色增长效应不显著。

此外，我们还发现绿色金融试点政策的实施存在异质性影响。绿色金融试点政策显著推动了非资源型城市的包容性绿色增长，非资源型城市的资源条件不好，绿色金融政策能够扶持城市向绿色化转型，政府会给予帮助支持。绿色金融试点政策对欠发达城市包容性绿色增长的影响显著。欠发达城市的先天条件也不好，资源匮乏，缺少资金支持。绿色金融政策执行后，国家会帮扶条件不好的城市发展壮大。

第11章

对策建议

11.1 经济层面

11.1.1 加强政策引导，赋能京津冀产业与金融双升级

1. 夯实政策根基，引领绿色金融规范前行

针对京津冀地区绿色金融与产业结构升级的迫切需求，政府需发挥主导作用，强化政策引导力度，奠定坚实的法治基础，促使绿色金融活动有法可依、有序进行，为经济包容性增长的培育与发展铺设坚实的法治轨道。构建全面细致的法律体系，覆盖绿色金融活动全生命周期，从项目发起、审批直至后期监管，每个环节都应有明确的法律依据和执行准则，确保市场参与者的行为有规可循，促进绿色金融市场秩序稳定，健康发展。

2. 塑造政策优势，激活绿色产业升级潜力

政府应着力营造利于绿色产业发展的政策环境，制定绿色标准。通

过制定绿色认证标准，甄别与表彰绿色表现优异的企业，为其提供税收减免、贷款贴息、项目立项优先审批等一系列扶持政策，有效降低绿色企业运营成本，提升其市场竞争力。对符合绿色标准的企业给予优惠政策和补贴，鼓励和引导企业进行绿色发展，推动企业主动转型升级，还能吸引更多外部资本和优质项目涌入，加速区域绿色产业集群的形成与壮大。

11.1.2 构建绿色、公平、高效、包容的金融市场体系

1. 创新绿色金融产品，提升金融服务质量

加快构建京津冀城市群绿色、公平、高效、包容的金融市场体系，政府和金融机构应共同发力，采取综合性政策。通过多种手段，为绿色经济的蓬勃发展注入强劲动能。政府与金融机构应积极探索和创设绿色信贷、绿色债券、绿色基金等多样化金融工具创新绿色金融产品，丰富绿色项目的融资渠道。调整信贷政策导向，将更多信贷资源向低碳、环保领域倾斜，支持清洁能源、公共交通等领域的绿色项目，对绿色项目实行差别化利率，降低融资成本。设立专项绿色信贷额度，保证绿色项目资金的稳定供给，为绿色项目提供强有力的资金支持。

2. 提升绿色金融体系的透明度，维护公平竞争机制

建立统一完善的绿色金融信息共享平台与披露机制，增强绿色金融市场体系的透明度。建立健全绿色金融信息共享机制，整合绿色项目数据库，强化绿色项目信息公开透明，要求参与绿色金融活动的主体定期发布环境和社会影响报告，公开绿色项目信息，确保金融机构、企业和投资者能够及时获取准确的绿色项目信息。加强第三方评估和审计，提升金融机构绿色金融专业能力，包括绿色项目评估、风险管理等，提高资金与项目匹配度，解决资金融通过程中的信息不对称问题，提高市场

透明度。监管机构也应制定清晰的绿色金融标准和规则，落实相关金融机构的监管职责，确保绿色资金的合规使用。

11.1.3 优化全域技术效率，赋能绿色经济发展

1. 提升技术创新水平，促进绿色产业技术革新

许多城市依靠先进的全域技术进步来推动发展，但并没有充分考虑到全域技术效率的重要性，对资源高效利用和绿色经济的重视程度不足。在第7章研究中发现秦皇岛、张家口等城市虽然经济实力不显著，但依托国家级新能源区或国家森林城市这一优势，由于其良好的环境条件和较低的能源消耗，该地区在大部分时期内整体技术效率和总体技术进步保持同步提高。相比于保定、廊坊、衡水全域技术阻碍大于技术进步对于增长的促进作用，建议通过精细化管理和调度，提高资源利用效率，特别是在能源和劳动要素投入方面，减少浪费和低效使用。绿色产业需要依托先进的技术支持，才能实现稳定发展。政府应该加大对绿色技术的投入，促进技术创新和成果转化。此外，政府还可以建立技术创新支持平台，为企业提供技术创新和转化的服务。

2. 构建绿色金融与绿色产业高端人才培养新体系

绿色金融和产业结构升级需要大量的专业人才支持。为了满足绿色金融和绿色产业发展对高端复合型人才的需求，政府应加大支持力度，建立绿色金融和绿色产业的人才培养体系，加强相关领域的教育和培训。除了传统意义上的专业人才外，还应注重跨学科、跨界别的综合型人才培养。绿色金融涉及金融、环境科学、法律等多个领域知识的融合运用，而绿色产业则需要懂技术、善管理、精市场的复合型人才。因此，应打破学科壁垒，开展跨专业交叉培养项目，鼓励学生广泛涉猎不同领域的知识，提升综合素质和适应能力，培育绿色金融与绿色产业所

需高端人才。加强与企业的合作，搭建校企对接平台，鼓励高校、科研机构与企业合作共建人才实训基地，实施产学研深度融合的培养模式，让人才在实践中锻炼成长，了解行业动态，积累实战经验，有效提升人才质量，培养出高层次、复合型的专业人才，提高绿色产业的发展水平。

11.1.4 积极优化产业结构，实现经济良性循环发展

1. 创新驱动，优化产业结构

通过第 7 章的研究发现，廊坊和衡水两城市的包容性绿色增长绩效较低，两个主要原因是：基础设施建设薄弱和产业发展起步较晚。针对这两个外源性驱动因素问题，京津冀地区应积极优化产业结构，提高产业附加值和竞争力，以实体经济发展为核心，聚焦制造业、现代农业、现代服务业等关键领域，推动其提档升级，向高附加值、高技术含量方向转型，构建绿色、可持续的高质量发展模式。推动包容性经济发展，需要立足发展调整产业结构，强调科技建设对高质量发展的突出位置，促进劳动密集型产业结构向知识密集型和科技密集型结构的转型升级。合理规划产业布局，引导资源密集型产业向环境容量较大、资源条件较好的地区转移，避免资源过度消耗与环境污染。

2. 绿色转型，促进循环发展

在推进产业结构转型升级的过程中，绿色转型也是关键一环。京津冀需大力发展循环经济、推广清洁生产技术，减少碳排放，确保经济效益与生态效益并重。通过构建绿色低碳的产业结构，实现经济与环境的和谐共生，引领区域经济向包容性、绿色、可持续的方向深度转型，从而实现经济效益与生态效益的双重提升，实现包容性经济与环境保护的协同发展。

11.1.5 夯实产业根基，塑强品牌矩阵，全面释放包容性增长潜力

1. 夯实产业根基，激活实体经济

提升实体经济竞争力，构建坚实的产业基础。强化创新驱动，加大对高新技术企业的支持力度，鼓励企业加强技术研发与成果转化。完善产业链条，促进上下游企业协作，形成集聚效应，提高产业链的整体竞争力。加强基础设施建设，特别是在交通、通信、能源等领域，形成完善的基础设施网络，降低企业物流和运营成本。

2. 挖掘区域资源优势，建设特色品牌

地方特色品牌是彰显区域文化自信、推动经济多元化的重要力量。增强本土品牌建设，打造特色品牌集群，依托区域独特资源，培育具有地域特色的知名品牌。深入探索各地的文化遗产、自然风光、特色产业等独特元素，将其巧妙融入品牌故事之中。通过创意包装、设计理念等方式，赋予产品浓厚的地方色彩和文化价值，满足消费者对个性和品质日益增长的需求。注重产品品质和服务体验，始终坚守质量至上原则，采用高标准选材与精湛工艺，确保每件产品都能体现匠心独具，从而提升顾客满意度，树立良好的品牌形象，提升产品质量和市场竞争力。创新营销模式，积极探索新媒体环境下品牌传播新模式，利用电商平台、直播带货等新兴渠道拓宽销售渠道，增强市场渗透力。

11.1.6 释放内需潜力，扩大开放格局，增强经济内生动力

1. 释放内需潜力，打造消费新生态

扩大内需，激活消费引擎。根据当前经济发展阶段、科技水平、消

费需求结构和人口素质，对产业结构进行优化调整，通过合理配置生产要素，促进各产业协调发展，为社会提供更多高质量的就业机会。减轻居民生活负担，提高居民可支配收入，增强消费能力。引导消费者转向绿色消费、智能消费，例如，推广新能源汽车、智能家居、在线教育等绿色智能产品和服务，激励绿色消费，助力经济向低碳环保方向转变。通过举办消费节、发放消费券、优化消费环境等方式，不断刺激和扩大内需。鼓励企业开发适销对路的商品和服务，满足消费者多样化需求，扩大国内市场需求，降低对外部市场的依赖。

2. 对外开放，接轨国际，拓宽经济合作领域

进一步扩大对外开放水平，积极接轨国际市场。进一步优化营商环境，简化外商投资流程，引入优质外资。特别是针对战略性新兴产业和高端服务业，制定更具吸引力的政策，如税收优惠、用地支持等，以提升区域经济的国际竞争力。加强与国际先进地区的经贸往来和技术交流，拓宽合作领域，鼓励和支持本土企业"走出去"，参与国际竞争，提升品牌国际影响力。如通过参加国际展会、建立海外营销网络，将河北的农产品、文化产品、制造业等优势产业推向世界，提升区域经济国际化水平。

11.1.7 构建差异化体系，优化产业链布局，激发区域经济活力

1. 实现优势互补，形成区域发展合力

面对不同城市之间年均包容性绿色增长绩效的差异，要加强京津冀区域内城市间的交流与合作，发挥北京、天津的引领作用，实现优势互补和错位发展。各城市加强协调与合作，根据各城市的实际情况与需要，制定差异化的政策措施，出台更为明确的政策指导，确保经济政策、产

业政策等相互配套，形成政策合力。例如，对于科技资源丰富但产业转化能力较弱的城市，可以出台更多支持科技成果转化的政策；对于资源环境压力较大的城市，则应侧重于绿色发展和生态补偿政策，确保政策的精准性和有效性。

2. 打造绿色产业链，促进协同合作发展

明确各城市的产业定位和发展方向，推动京津冀地区不同城市间的产业协同，形成分工合理、互补性强的绿色产业链，带动周边城市共同提升绿色增长绩效。例如，依托天津港口和物流优势，带动周边城市的绿色生产和资源利用效率提升。充分发挥北京在京津冀协同发展中"领头羊"的作用，带动京津冀地区的高新技术产业升级，为整个区域的生态环境改善提供了经验和技术支持。通过资源共享和功能疏解，促进了区域内包容性绿色增长。推动跨区域合作项目的落地，实现技术共享、资源互补，促进绿色经济共同聚集，充分发挥各地的优势，形成协同发展的良好机制。

11.1.8 加大绿色环保节能技术的研发力度

（1）首先，从实施绿色金融政策角度出发，应加强对绿色环保节能技术研发的资金支持。其次，各地政府部门可以与金融部门联合提高绿色资金利用率，加快助力环保材料推广和传统产业结构绿色转型升级。

（2）加强绿色金融与普惠金融融合发展，创建绿色普惠金融体系，提高社会福利。首先，加强绿色普惠金融顶层设计，推动绿色普惠金融体系化制度化发展。其次，各地可以通过搭建绿色普惠金融平台，设立服务专项区域，建立一体化的绿色普惠金融网络设施，促进城市包容性绿色增长。

（3）推动绿色金融政策普及，尤其是资源型城市和中西部欠发达地区。首先，国家应加大力度支持绿色金融发展，鼓励银行等金融机构进行投资，提升绿色金融服务能力，激励更多社会资本流入资源型城市和中西部欠发达地区，推动地区绿色低碳发展。其次，推动资源型城市绿色转型发展，进行产业结构调整优化，提高资源绿色利用率。对欠发达地区加大绿色金融资金投入，推动其经济高质量发展。

11.2 环境层面

11.2.1 绿色优化基础设施，加强生态文明建设

京津冀地区在发展理念上，要摒弃高成本与低效率的治理模式。坚决落实改善大气环境的重大工程的建设，将低碳经济、循环经济作为京津冀地区的新的增长点。着力解决对资源的合理利用和环境的保护问题，加大对生态系统保护力度。学习贯彻习近平生态文明思想和习近平总书记关于京津冀协同发展的重要讲话和重要指示精神，秉承绿水青山就是金山银山的理念，加快推进生态文明建设和美丽中国建设，全力打赢蓝天保卫战。

（1）通过开展基础设施绿色化改造，例如，将传统交通系统升级为绿色交通系统，将高耗能建筑改造为绿色建筑，提高基础设施的环保性能和资源利用效率，可以有效降低环境污染，改善居民生活环境，提升居民生活质量。同时，推广绿色技术应用，鼓励企业采用先进的绿色技术，例如清洁能源技术、节能技术、环保技术等，可以创造更多就业机会，促进区域经济发展，提升民生福祉。此外，加强基础设施维护管理，建立健全基础设施维护管理制度，定期进行维护保养，确保基础设施安全稳定运行，延长使用寿命，降低资源浪费，也是推动基础设施绿色升

级的重要措施，有利于实现经济效益、社会效益和环境效益的统一。

（2）鼓励发展生态农业，采用有机农业、循环农业等模式，减少化肥农药使用，保护土壤和水资源，提高农产品质量，可以促进农业可持续发展，增加农民收入，改善农村生态环境。同时，大力发展绿色产业，例如节能环保产业、清洁能源产业、生态旅游产业等，可以推动产业转型升级，创造更多就业机会，促进区域经济发展，增加居民收入。以绿色产业园区为载体，打造绿色产业集群，促进企业间协同创新，降低生产成本，提升产业竞争力，也是推动绿色产业发展的重要举措，有利于实现经济发展与环境保护的协调发展。

（3）根据区域生态环境现状，确定重点区域生态修复工程，例如，对污染严重的河流、湖泊、湿地等进行生态修复，恢复其生态功能，可以有效改善区域生态环境，提升居民幸福感。采取多种修复措施，例如生态补水、植被恢复、生物多样性保护等，综合施策，提升区域生态环境质量，也是实施生态修复工程的重要手段，有利于构建美丽宜居的生态环境。加强生态修复科技支撑，加强生态修复科技研发，推广应用先进的生态修复技术，提高生态修复效果，可以为区域可持续发展提供科技支撑，有利于实现人与自然和谐共生。

11.2.2 贯彻落实优化营商环境政策，激发经济活力

（1）政府继续贯彻落实营商环境优化政策。坚决执行相关政策法规，减少企业投资扭曲行为，提升企业投资决策的有效性和精准度，提升企业发展效能，学习引进先进地区的举措，结合本地特点创新实践，因地制宜优化营商环境，激活京津冀地区经济发展潜能。还要注重企业的融资问题，缓解企业与银行间信息不对称，搭建银企沟通桥梁，降低双方信息壁垒，持续改进政务服务质量，简化审批流程，释放市场活力，妥善协调政商关系，形成良性互动，共筑繁荣稳定的经济基石。

（2）进一步营造营商环境的良好社会舆论氛围，提升营商环境的社会参与度与群众知晓率。政府应主动作为，强化正面引导，构建多方协作机制，深入解读和宣传政府服务、政策优惠、市场秩序、法治建设、税收优惠的内涵与外延。政府有关部门需要走进企业，开展各类政策宣讲会与研讨会，细致解读国家最新出台的惠企利民的政策。采用线上线下相结合的方式和灵活多样的形式，如制作生动的视频资料、开展专题讲座、设立互动咨询平台等，使政策解读更加贴近实际，深入人心，从而营造一个充满活力和支持力的营商环境。

（3）京津冀地区可以通过加强国际合作与交流来扩大市场规模。在全球化背景下我们可以借鉴其他国家的成功经验，与国际知名机构合作开展项目，构建创新、活力、联动、包容的经济发展新模式，在参与国际环保合作与交流活动中，营造开放的市场环境。

11.2.3 推动绿色金融发展，加快产业结构升级

（1）京津冀地区可以通过投资和融资等方式推动绿色金融发展，从而支持环境友好型产业的发展。绿色金融包括绿色债券、绿色信贷、碳金融等多种形式，这些工具可以为环保型企业提供低成本的融资渠道。政府可以加强对这些金融产品的引导和扶持，同时鼓励银行和其他金融机构增加对绿色投资的资金投入，鼓励私人投资者参与其中。例如，推动京津冀城市群六大高耗能企业的升级转型。银行等金融机构减少对六大高耗能产业及相关产业的放贷活动，倒逼高污染企业绿色转型升级，减少其污水、废气等污染物的排放。对于环境造成严重污染的企业采用管制约束增加税收，将对高耗能企业征收税转予环境友好型企业，促进环境友好型企业的绿色发展。通过这些措施，可以在保障企业融资需求的同时，鼓励环保型企业在产业结构调整中发挥更大作用，加快区域绿色转型进程。

（2）京津冀地区可以制定并实施更加严格的环境保护法规和标准，以保障环境质量，促进产业结构升级。例如，可以加强污染物排放和资源利用的管理和监督，对不符合环保标准的企业进行处罚和限制，同时对符合绿色标准的企业给予优惠政策，以此促进企业的自我调整和优化，推动资源节约型和环境友好型社会发展，有效降低能源消耗和环境污染，进而促进包容性增长绩效的稳步提升。此外，政府可以提高对环保企业的支持力度，鼓励企业创新和研发，推广环保技术和产品，进一步促进产业升级和转型。

（3）京津冀地区需要重视环境教育和公众参与，增强公众环保意识和素质，鼓励人们参与到环保行动中。通过各种渠道，如媒体、网络平台等，动员广大人民群众广泛加入监管队伍，对肆意损害环境和违法行为进行举报，维护良好的市场秩序，弘扬创新精神和诚信理念等正面价值观，打造有利于创新、创造和合作的市场氛围。提升人力资源素质，使高素质人才了解相关政策，吸引更多的人才来到本地区发展，并且确保企业能够及时了解并享受到政策的红利，增强参与经济建设的每一个个体的经济发展信心和稳定预期。同时，在学校教育中加入环境保护的内容，通过实地考察、研究性学习等形式，让学生亲自体验环保的重要性，在社区中开展环保实践活动，如垃圾分类、节能减排等，鼓励居民积极参与，实现绿色发展和环境友好型的可持续发展目标。

11.2.4 优化资源配置与管理，完善市场机制与架构

（1）面对"核心—边缘"分布特征所带来的挑战，京津冀地区应深化城市间的协同合作，优化资源配置机制，利用地理位置的优越性，全面提升技术效率加大对西部城市的支持力度，通过政策引导和资源倾斜，激发其绿色发展潜力。加强区域间协调发展，促进区域内资源合理分配，

逐步缩小与东部城市之间的发展差距，打破发展不均衡的僵局，共同构建区域均衡发展的新格局。

（2）要规范绿色经济市场秩序，加快构建京津冀城市群绿色、公平、高效的绿色经济市场体系，引导各方面力量共同推进京津冀地区包容性增长，促进绿色经济发展与产业结构升级的有机结合借助政府政策协调和市场机制双重作用，推动跨区域合作项目的落地，实现技术共享、资源互补，促进绿色经济共同繁荣。要培育绿色市场主体和消费者。通过政策引导和市场机制，鼓励企业开展绿色生产和经营，提高生产的环保性能和资源利用效率。同时，要加强绿色消费宣传和教育，增强消费者的环保意识和绿色消费意识。

（3）联合治理空气污染、水资源保护和工业污染排放等问题，减少区域间的环境"外溢效应"。可以通过建设跨市的环保基础设施来实现区域生态资源共享，建立区域治理体系。实施多地联动的统一管理政策，强调环境问题的共治共享，打破地区间的壁垒，建立区域环境保护协调机制，确保各项政策的顺利实施。此外，政府应加大对绿色技术研发和产业化的支持力度，鼓励企业采用先进的绿色生产技术，降低环境污染。同时，推动绿色技术创新，发展绿色产业，逐步淘汰高污染，高能耗的产业。

11.3

社会层面

11.3.1　加强社会保障制度建设，增强包容性增长

（1）完善社会保障制度，提高社会安全感。社会保障制度是构建包容性增长的重要保障。政府应完善社会保障体系，保障城乡居民基本养

老、医疗、失业和住房等方面的权益，提高社会安全感和满意度。有关部门应建立健全农业数据共享机制，推动农业数据资源的开放共享和有效利用。经由数据分析和挖掘，为农业生产、经营、管理提供决策支持，提高农业生产的精准性和效率性。加强农业数字经济的政策支持和引导，通过制定优惠政策、提供资金支持等方式，鼓励更多的企业和个人投身农业数字经济领域，推动农业数字经济的快速发展。

（2）增强社会参与意识，促进社会共建。包容性增长需要全社会的共同参与和努力，政府可以通过宣传教育等渠道和形式，加强政府和公众的沟通和互动，提升公众对包容性理念的认识和支持，鼓励和引导企业和公民参与社会公益事业，推动社会共建和共享，践行包容性增长理念。充分利用数字经济的信息化功能去构建信息共享平台，实现农业信息的实时有效共享，为精准把握农业生产规律和科学管控提供依据，也要加快实现农业产业链形成和运用，通过各个生产环节的有效衔接和高效配合，提高农业生产效率和产业核心竞争力。鼓励跨地区、跨行业的农业合作，推动农业与旅游、文化等产业的融合发展，打造具有地方特色的农业品牌，提升农业附加值和市场竞争力。

11.3.2　强调人本主义增长，优化分配与激励制度

（1）包容性经济更加强调人本主义的增长，"以人为本"的经济增长以人的自由发展和福利改善为出发点，围绕人的全面发展，实现经济增长。包容性增长要求将目光更多集中于企业员工的所得所获和当地人民群众的实际幸福感。要在蛋糕做大的基础上，进一步分好蛋糕。政府应完善分配制度，鼓励劳动致富，增加低收入者的收入，扩大中等收入，增强第二次分配的作用，运用税收、转移支付等手段推进分配更加合理公平。对老年人、残疾人开设专门办理通道和服务，加强基础设施建设，完善安全监管体系，在全民参与的基础上进一步提升设施质量与水平，

注重改善群众的生活环境，传递人文关怀。

（2）关注弱小企业与"人"的发展诉求。弱小企业是指市场中经营规模较小、资本力量较弱的企业。"人"是指企业内员工以及企业外周边所在地的居民。包容性增长的理念要求着重关注相对弱势的一方，对企业进行分级分类培育，针对不同类型企业精准施策，进而推动整个产业生态可持续发展。而对于"人"的层面，政府要努力拓展公共服务覆盖面，让各项优惠政策能够更广泛、更切实地惠及广大企业劳动者，同时，通过制定公正透明的竞争规则，加大市场监管力度，规范市场秩序，促进资源的合理分配和利用，保证每个人公平合理地获得发展的权利。

11.3.3 构建经济与社会协调发展新格局

重视经济发展与社会发展相协调，强调经济发展与社会发展的相互促进作用。经济繁荣与社会发展进步相辅相成，共同促进了和谐稳定社会关系的形成。基于京津冀城市群包容性增长发展水平的区域差异，京津冀地区应推动包容性增长成果共享。努力破除阻碍京津冀城市群包容性增长发展成果共享的发展鸿沟，深化跨区域协同治理，制定区域协同发展规划。京津冀城市群可以制定协同发展规划，明确各城市的产业定位和发展方向，推动产业结构升级和包容性经济发展的协同推进，实现区域经济的可持续增长。建立跨区域的金融合作机制，促进城市群内金融资源的共享和互补，支持相关产业发展和环保项目的融资，推动经济的包容性增长。经济发展为社会建设提供了强有力的物质基础，同时经济发展需要科学、教育、文化等方面的发展作为支撑。稳定的社会关系是经济发展的重要保障。推动社会进步应进一步减轻生态环境压力，加强基础设施建设，增强社区服务网络建设，保障工作高效落实，实现精细化服务。

11.3.4 注重内外源驱动因素匹配度，发挥要素的差别化驱动力

（1）基于京津冀地区发展的基础条件，全面提升要素的单项驱动力。通过第8章研究发现，内源性驱动因素中，环境产出、资本投入，以及人力投入是造成京津冀地区整体绿色增长绩效差距背后的主要原因，为此，京津冀地区应该着重优化这些关键要素的配置与利用效率。外源性因素中，产业结构水平、对外开放和环境规制水平对京津冀地区包容性绿色增长水平有较强的差距决定力。为此，京津冀地区应积极优化产业结构，提高产业附加值和竞争力，进一步扩大对外开放水平，加强与国际先进地区的经贸合作和技术交流。树立绿色包容的国际营商理念，优化当地国际营商环境，吸引低污染的优秀企业投资并有效监管，加强与国际上优秀企业与先进技术的对接交流，要加大环境规制力度，完善环境保护法律法规体系，推动企业自觉履行环保责任。

（2）立足京津冀地区优势，充分发挥要素的交互驱动作用。无论是京津冀地区整体，还是京津保都市区、冀东都市区、冀南都市区三个区域，对于包容性绿色增长绩效的影响，单一因素的影响力往往不及多个因素的共同作用。内源性双因子交互作用影响京津冀地区总体、三大地区包容性绿色增长绩效差距主要受资本投入和环境产出的共同影响，因此协同推进经济发展与减污降碳目标实现有着独特的现实意义。京津冀地区应通过政策引导、技术创新和市场机制等手段，促进资本与环境资源的有效整合与优化配置，协同推进经济发展与环境保护的双重目标。外源性双因子交互作用中，产业结构水平与金融发展、环境规制水平差异的交互作用是京津冀地区冀南都市区包容性绿色增长绩效差异形成的主要交互因素。为此，京津冀地区应进一步深化区域合作，优化产业结构布局，促进金融与实体经济的深度融合，加强环境规制政策的协同实

施。通过加强政策沟通、协调规划、资源共享和利益共赢，推动京津冀地区形成更加均衡、绿色、包容的发展格局。

11.3.5　科学把握京津冀地区差距，协同推进包容性绿色增长

（1）优化资源配置，弥合区域内差异。区域内差异形成机理，从单因子决定力来看，京津保都市区内差距形成的主要因素有产业结构、金融发展及环境规制水平；冀东都市区包容性绿色增长差异主要受对外开放水平因素影响；就冀南都市区而言，基础设施和环境规制水平对包容性绿色增长绩效的差距形成机制有显著的正向影响，京津冀地区三大区域之间包容性绿色增长绩效差距形成机制的主导因素存在差异。总体而言，产业结构水平、对外开放和环境规制水平对包容性绿色增长绩效水平有较强的差距决定力。从交互作用来看，金融发展差异与对外开放差异是京津保都市区主要的交互要素。产业结构水平与金融发展、环境规制水平差距的交互作用影响程度依次为京津冀地区冀南都市区包容性绿色增长绩效差距形成的主要交互因素。冀东都市区产业结构差异和对外开放差异的交互作用是冀东都市区包容性绿色增长绩效水平差距的关键驱动因素。因此，京津保都市区应深化产业结构调整，促进金融创新与对外开放交互作用，强化绿色金融体系；冀东都市区需利用对外开放优势，引入绿色技术与资本，同时优化产业结构，提升绿色竞争力；冀南都市区应加大基础设施投资，提升环境规制标准，强化绿色产业与金融、环境的交互作用。三地应构建区域绿色协同机制，共享绿色技术与信息，优化绿色产业链布局，强化政策联动，缩小包容性绿色增长绩效差异，共同推动京津冀地区包容性绿色增长。

（2）强化驱动联动，缩小区域间差距。区域间差异形成机理。京津冀地区包容性绿色增长绩效区域间差异主要因素存在区域异质性，因此，根据区域间差异特点制定因地制宜的协同政策是未来京津冀地区缓解包

容性绿色增长绩效区域间差异的重要方向。从交互作用上来看，基础设施与环境规制的相互作用以及对外开放和科技创新的交互作用，共同主导了京津保—冀东区域间绿色增长绩效差异的形成；此外，京津保—冀南地区间绿色增长绩效的差异主要由产业结构和科技创新的差异以及环境规制水平和对外开放的差异所引起的交互影响所驱动；对外开放及其他影响因素之间的交互作用影响在冀南—冀东地区间最为显著。因此，京津保需深化产融结合，强化环境规制，与冀南协同优化产业结构，提升绿色科技水平；京津保—冀东地区应强化基础设施与环境规制的交互作用，扩大开放，促进科技创新；冀南—冀东地区则应聚焦基础设施升级与产业优化，增强开放与各因素的交互效应。京津冀三大区域应构建绿色协同机制，共享技术与信息，强化政策联动，通过精准施策缩小绿色增长绩效差异，共同推动京津冀区域绿色转型，实现均衡与可持续的绿色发展。

11.3.6 优化政务服务工作，推动社会进步

（1）深入优化政务服务工作，提升民众发展资源获取效率。政务服务工作是推动社会进步的关键因素。河北省政府应深度洞察公众心理，利用河北省公众对于社会地位自我感知有较好的预期的心理，强化服务导向，构建更加高效、便捷的政务平台，提升对人民的服务能力，使其更加便捷地获取发展资源，契合个人积极发展的心理预期。同时，政府需持续深化民生工作，推进"三支一扶"基层服务项目招募工作开展，充实基层工作力量，促进其成为推动社会进步、增进民生福祉的有效途径。

（2）坚持强化政企社联动，共同解决社会问题。政府为引导企业与非营利组织、学术界紧密合作，可从以下几方面入手：一是要营造高效透明的政务环境。增强政策制定执行的科学性和透明度，积极推进政务

公开，深入推进"放管服"改革，进一步提高政务办理便利度，加强政府廉政建设，提升政府服务效率，打造明朗的政企社关系。二是加强电子政务建设，通过利用现代化信息技术手段，进一步提高政府工作效率和公众满意度。此外，要塑造公平公正的政务环境。深刻认识和破除由于"熟人关系"思想和行为会在社会无形中增加办事成本，强化监督制约机制，鼓励公众参与决策，为大众提供公平公正的办事平台。

（3）提升政府服务的惠民程度，坚持以人民为中心，以企业和人民办事需求为导向，做好宣传对接工作，推进"一网通办"，减少琐碎的办事流程，利用互联网高新技术，节约资源成本，提升办理速度，让群众在办理各种事务时能够感受到高效和便捷，实现服务流程的再造和优化，确保每个人都能享受到便捷、公平的服务体验，实现所有人的共同发展与幸福成果共享。

11.3.7 加强智慧城市建设，提升包容性发展

（1）追求智慧城市试点政策的长远包容性增长效应。智慧城市建设是现代科学技术、整合信息资源以及统筹业务应用系统的综合体，投入较大，周期长，并且政策推行难免会因地方基础设施水平和地理位置受到限制，在短期内难以看到显著的成效与反馈结果。因此，国家应对智慧城市建设与当地城市包容性增长水平之间的互动关系有明晰的认知与清晰的研判，加强顶层设计，由此制定更为科学与长远明确的发展规划。

（2）智慧城市建设对包容性增长的显著促进作用应予以重视，需继续加强与优化智慧城市建设以推动包容性增长。可加大对智慧城市试点的财政支持力度，尤其对于推动包容性增长的项目，如公共服务设施智能化、弱势群体数字技能培训等，为其提供专项资金与税收优惠政策；促进不同地区智慧城市之间的交流合作，同时关注非试点城市，争取政策试点的全国性覆盖，通过项目对接、资源共享等方式，共同提升包容

性增长水平，弥补区域差异；尤其加强技术创新能力对包容性增长的强大引擎作用，鼓励并支持企业在智慧城市领域的技术研发与突破，如大数据、云计算、人工智能等技术的融合应用。

（3）各区域要重点探索智慧城市试点政策推动城市包容性增长的多维路径。为了加快智慧城市的建设步伐，应积极引领智慧产业的发展。通过推动生产性服务业的培育和发展，提升产业的科技含量，增强技术复杂度，从而为城市的智慧化进程注入强大动力；其次，推动传统金融模式的革新，引导金融行业的智慧化发展，为科技型中小企业的成长提供强有力的支持，同时为城市的经济发展注入新的活力；此外，必须进一步推动信息化建设，大力引导物联网、大数据、5G 技术、云计算等先进信息技术在多领域的应用。有效促进知识、技术和人才在更大范围内进行流动，提高城市的创新能力与综合竞争力。

（4）各地区应坚持因地制宜。可通过调查问卷、座谈会等方式，了解当地居民对智慧城市建设的期望与需求，包括公共服务、交通出行、环境保护、教育医疗等方面。同时国家应鼓励各城市发挥区域比较优势，在信息化普及化程度较高、经济普遍较发达的城市，稳步推行智慧城市试点政策与技术创新，让二者相互协作的良好势头继续维持。在发展程度更低的城市，有针对性地加强相关专项扶持和理论指导，培育一批数字化技术发达，并且能够带动周边区域可持续性发展、产生扩散效应的示范城市，从而促进区域经济协同化发展。

11.4 企业层面

11.4.1 促进高耗能企业转型与绿色金融平台建设

（1）推动京津冀地区六大高耗能企业实现绿色转型升级，金融机构应减少对高耗能产业的信贷投放，通过市场机制倒逼企业转变发展模式。对造成严重环境污染的企业，政府应采取更加严格的管制措施，增加税收负担，并将所征税收用于支持环境友好型企业的绿色发展。

（2）加快建立健全京津冀地区绿色金融发展平台，对企业进行绿色发展程度评级，实现信息资源的整合和统一化管理。帮助高耗能企业及时了解相关绿色金融政策和产品，积极表达绿色转型和融资需求，依靠相关政策支持，参与绿色金融平台的建设。通过这一平台，促进绿色金融产品和服务创新，为区域环境保护和绿色发展提供有力支撑。

（3）加大对传统产业企业的环保资金投入，逐步转型升级，减少污染排放，引导资金流向高效益、低能耗、低排放的绿色产业，促进经济结构的优化升级。高耗能企业可以向产业链高端延伸，发展高附加值产业和服务。同时应加大对教育、科研等领域的投入，培养高素质人才，实现更加持续、更符合自然规律的包容性绿色增长。发展新兴产业，大力发展节能环保和可再生能源产业促进绿色包容性的增长，通过扩展新的业务能力，实现多元化发展。

（4）绿色可持续发展已经成为全球经济的发展趋势，依据国家和国际的绿色环保标准，推行企业的绿色生产标准化流程，从产品设计、原料选取到生产制造过程，全面提升环保水平。推动企业通过 ISO14001 等环境管理体系认证，确保生产活动符合国际环保标准，提高企业的环境管理能力。企业参与碳交易市场，通过碳配额交易，减少碳排放成本，甚至通过自身减排赚取收益。同时，也可以鼓励企业内部实施碳抵消项目，如植树造林、保护生态环境等。

11.4.2 推动企业建设成为包容性增长的内驱动力

（1）拓宽销售渠道与合作伙伴关系。其一，企业需不断拓展合作伙伴关系，加强合作伙伴维度，进行资源的整合与共享，提升企业的创新能力和竞争力，共同推进社会责任项目。同时提升公众的参与感、降低风险为企业应对风险提供强有力保障。其二，企业应积极开拓国内外市场，参与国际竞争，提升企业在全球市场中的影响力和竞争力。注重品牌建设，打造高质量品牌，增强企业的国际认知度。其三，拓宽销售的线上渠道，利用大数据互联网技术，入驻多家电子商务平台及时掌握市场变动方向，了解电商动态。通过商务直播、社交媒体运营等手段提高产品的曝光度，增加客户量。

（2）推进政府扶持工作落地。政府的前期准备工作为企业提供了更多的发展机会和空间。小微企业要积极了解并掌握政府为支持企业发展所制定的各项政策。加强与政府等相关部门的联系，定期进行汇报，明确发展的具体方向。同时提升自身的融资能力，增强其生命周期管理，增强人才培养与创新能力。在研发方面，小微企业要加大投入力度，不断推出新产品或服务，帮助企业实现技术创新和品牌升级，一方面缓解就业困难问题，另一方面增强企业自身的竞争力。

（3）关注市场需求变化，实施可持续的创新战略。根据第7章的研究发现，相比于保定，廊坊、衡水全域技术阻碍大于技术进步对于增长的促进作用，建议通过精细化管理和调度，提高资源利用效率，特别是在能源和劳动要素投入方面，减少浪费和低效使用。加强基础研究和原始创新，立足当前，补齐短板。重视应用技术的研究探索，加强应用基础研究和前沿研究的前瞻性、战略性和系统性布局。

（4）加强品牌建设，提升产品质量和市场竞争力。其一，面对技术效率波动的挑战，政府和金融机构可以加大对绿色技术的研发与创新，并加速技术成果的转化及普及，以此提升整体技术效率。通过加大对绿色技术的研发投入，推动各地市采用清洁能源和节能技术，特别是针对工业废水、二氧化硫及粉尘排放等问题，推广清洁生产技术。其二，加大研发投入，推动科技创新，提升产品和服务的附加值。借助云计算、5G、大数据等技术手段，提升企业在生产、管理、营销等环节的智能化水平。通过数字化平台进行供应链管理，优化库存、物流和生产计划，降低成本并提升响应速度。其三，明确产品的定位，通过市场调研、统计分析等方法锁定具体的消费群体，制定差异化产品，策略提供精细化服务。创新设计模式，提高服务质量和产品效果，通过诚信的商业行为和社会责任实践，树立良好企业形象，赢得公众信任，提升企业的影响力和社会价值，促进积极互动，加强品牌宣传，实现可持续发展。

11.4.3　优化初次分配，注重资源共享

（1）促进就业的供需平衡。随着高等教育的普及，大学生待就业数量与就业岗位数量不匹配导致就业供需不平衡。企业可以通过多措并举缓解政府就业压力。其一，增强校企合作，为学生提供实习或见习机会。开展职业技能培训和就业指导，帮助毕业生积累工作经验，提高就业竞争力。其二，改善招聘标准，打破"唯学历论"的观念，注重综合能力和素质的培养，从多层次考察招聘者能力，提供更多的就业机会。其三，鼓励创新创业，企业可以通过赞助组织创业活动和竞赛激发大学生创业的动力同时可宣传自身企业，扩大企业知名度。

（2）企业应当履行社会责任，增强大众对于经济形势的信心。其一，积极落实政府促进就业相关政策，通过扩展市场、开发产品等措施积极调配各个环节资源，增加就业岗位。大型企业对口帮扶中小企业发展，通过产业链的带动作用，间接促进就业。其二，灵活用工模式，通过在线平台或应用程序连接劳动者提供更加便捷高效的工作配对和交易，积极发展零工经济，增强企业人员的流动性。其三，丰富员工福利并加强对员工的关怀。通过签订长期的劳动合同稳定内部结构，优化薪酬体系、加强对员工的福利补贴提升企业的竞争力。

（3）企业要破除走后门、托关系找工作行为，完善人员招聘制度，反对不当竞争，维护公平发展氛围，保证个体平等发展机会。加强人才

工程建设，树立良好的企业形象，营造具有向心力的企业文化氛围，注重人才培养，尊重和包容员工的多样性。深化企业社会责任，构建既公平又高效的激励机制。

（4）企业应革新绩效评估体系，超越单一的业绩指标，融入创新能力与团队协作等多元评价维度。全面衡量员工的综合表现，为薪酬分配提供科学依据，确保每位员工的辛勤工作与独特贡献都能获得相应回报。基于岗位特性和个人绩效，企业应灵活运用多样化的激励手段，如股权激励、绩效奖金、职业发展机会等，以激发各层级员工的潜力。通过制定激励机制，不仅能够有效调动员工积极性，还能激发创新活力，促进效率与公平的双重提升。特别是在职称评审方面，对企业而言，尤其是民营企业需着力构建公平透明的晋升体系。通过与政府、行业协会的紧密合作，建立统一、客观的评审标准和流程，确保每位员工的贡献与能力得到公正评价，从而促进人才的合理流动与持续成长。

参 考 文 献

［1］贝多广，张锐．包容性增长背景下的普惠金融发展战略［J］．经济理论与经济管理，2017（2）：5－12.

［2］蔡荣鑫．"包容性增长"理念的形成及其政策内涵［J］．经济学家，2009（1）：102－104.

［3］曹倩．我国绿色金融体系创新路径探析［J］．金融发展研究，2019（3）：46－52.

［4］柴晶霞．绿色金融影响宏观经济增长的机制与路径分析［J］．生态经济，2018，34（9）：56－60.

［5］陈红蕾，覃伟芳．中国经济的包容性增长：基于包容性全要素生产率视角的解释［J］．中国工业经济，2014（1）：18－30.

［6］陈家付．包容性增长与社会公平［J］．学术界，2011（1）：5－12.

［7］陈明华，刘文斐，王山，等．山东半岛城市群绿色经济增长绩效评价及动力源泉［J］．宏观经济研究，2020，6（13）：133－141.

［8］陈明华，谢琳霄，李倩，等．黄河流域包容性绿色增长绩效评价及地区差距——基于减污降碳和共同富裕双重目标的经验考察［J］．资源科学，2023，45（3）：564－578.

［9］陈鸣，王志帆．智慧城市建设对共同富裕的影响：基于双重机器学习的实证评估［J］．现代财经（天津财经大学学报），2024，44（9）：20－36.

［10］陈小运，黄婉．绿色金融政策与绿色企业全要素生产率——基于《绿色信贷指引》实施的经验证据［J］．财经论丛，2024（4）：60－69．

［11］陈星霖．中国各省市包容性增长综合测度研究［D］．太原：山西财经大学，2018．

［12］陈旭东，沈利芸，秦文晋．数字经济、财政纵向失衡与区域经济包容性增长——基于双重机器学习的因果推断［J］．经济与管理研究，2024，45（9）：61－77．

［13］陈游．绿色金融在我国的实践及思考［J］．西南金融，2018（7）：60－66．

［14］陈智莲，高辉，张志勇．绿色金融发展与区域产业结构优化升级——以西部地区为例［J］．西南金融，2018（11）：70－76．

［15］崔海洋，袁倩莹．数字金融、产业结构升级与包容性经济增长——基于区域和城乡协调发展的视角［J］．云南民族大学学报（哲学社会科学版），2022，39（5）：108－116．

［16］邓常春．环境金融：低碳经济时代的金融创新［J］．中国人口·资源与环境，2008（18）：125－128．

［17］邓淇中，李纯英，田逸尘．长江经济带包容性绿色增长时空格局演变及影响因素研究［J］．怀化学院学报，2022，41（4）：35－41．

［18］丁攀，金为华，陈楠．绿色金融发展、产业结构升级与经济可持续增长［J］．南方金融，2021（2）：13－24．

［19］董晓红，富勇．绿色金融和绿色经济耦合发展空间动态演变分析［J］．工业技术经济，2018，37（12）：94－101．

［20］杜志雄，肖卫东，詹琳．包容性增长理论的脉络、要义与政策内涵［J］．中国农村经济，2010（11）：4－14．

［21］冯雨欣，刘生．产业结构升级与绿色发展相关研究综述［J］．边疆经济与文化，2023（3）：38－43．

［22］付宏，毛蕴诗，宋来胜．创新对产业结构高级化影响的实证研

究——基于 2000—2011 年的省际面板数据 [J]. 中国工业经济, 2013 (9): 56 - 68

[23] 付平, 刘德学. 智慧城市技术创新效应研究——基于中国 282 个地级城市面板数据的实证分析 [J]. 经济问题探索, 2019 (9): 72 - 81.

[24] 付媛, 岳由. 智慧城市试点政策对城市韧性的影响: 效应及机制 [J]. 人文杂志, 2024 (3): 130 - 140.

[25] 傅亚平, 彭政钦. 绿色金融发展、研发投入与区域经济增长——基于省级面板门槛模型的实证 [J]. 统计与决策, 2020, 36 (21): 120 - 124.

[26] 高锦杰, 张伟伟. 绿色金融对企业经营绩效的影响——基于调节效应模型与中介效应模型的实证检验 [J]. 上海商学院学报, 2022 (4): 86 - 108.

[27] 顾剑华, 王亚倩. 产业结构变迁对区域高质量绿色发展的影响及其空间溢出效应——基于我国省域面板数据的实证研究 [J]. 西南大学学报 (自然科学版), 2021, 43 (8): 116 - 128.

[28] 郭峰, 王靖一, 王芳, 等. 测度中国数字普惠金融发展: 指数编制与空间特征 [J]. 经济学 (季刊), 2020, 19 (4): 1401 - 1418.

[29] 郭海红. 中国农业绿色全要素生产率时空分异与增长路径研究 [D]. 北京: 中国石油大学 (华东), 2022.

[30] 郭佳莲. 农村金融支持乡村振兴战略的路径选择: 基于全国 11 家省级农信的案例 [J]. 西南金融, 2019 (8): 1 - 9.

[31] 韩刚, 李翀. 数字经济、空间效应与城乡居民消费差距 [J]. 电子科技大学学报 (社科版), 2024, 26 (1): 54 - 62.

[32] 韩景旺, 李瑞晶. 绿色金融与经济高质量发展耦合协调的时空分异及关联网络 [J]. 金融理论探索, 2023 (1): 50 - 60

[33] 郝颖, 辛清泉, 刘星. 地区差异、企业投资与经济增长质量 [J]. 经济研究, 2014 (3): 101 - 114, 189.

[34] 郝云平, 雷汉云, 董永亮. 普惠金融与包容性经济增长——基

于中国西部地区面板数据的实证［J］．金融与经济，2018（5）：44-49．

［35］郝云平，张兵．数字金融发展的共同富裕效应研究——基于281个地级市的经验证据［J］．经济问题探索，2023（3）：41-55．

［36］何建奎，江通，王稳利．"绿色金融"与经济的可持续发展［J］．生态经济，2006（7）：78-81．

［37］洪扬．城市群包容性发展：综合测度及其影响因素研究［D］．北京：中国石油大学（华东），2018．

［38］胡梦达，郑浩然．绿色金融风险评价指标体系构建与治理对策［J］．统计与决策，2020，36（24）：129-132．

［39］胡淑兰，王耀宗，吕勇斌，等．数字普惠金融能促进包容性增长吗？［J］．统计与信息论坛，2023，38（2）：47-60．

［40］环境保护部环境与经济政策研究中心．中国绿色信贷发展报告2010［D］．北京：环境保护部，2010．

［41］黄诗琦．中国数字普惠金融对省域经济包容式增长的影响分析［D］．济南：山东大学，2022．

［42］纪瑞朴，高旸．绿色金融——21世纪金融业发展的必然趋势［J］．辽宁经济统计，2009（5）：24-25．

［43］江鑫，黄乾．乡村公路、人口城市化和乡村包容性经济增长［J］．南方经济，2020（4）：62-83．

［44］寇玉寒．数字普惠金融促进包容性增长的机制研究［D］．西安：西北大学，2022．

［45］雷汉云，郝云平，杨叶青．农村经济发展、普惠金融与包容性增长［J］．中南大学学报（社会科学版），2019，25（5）：62-83．

［46］雷汉云，王旭霞．环境污染、绿色金融与经济高质量发展［J］．统计与决策，2020，36（15）：18-22．

［47］李成刚．绿色金融对经济高质量发展的影响［J］．中南财经政法大学学报，2023（2）：65-77．

［48］李刚 . "包容性增长"的学源基础、理论框架及其政策指向
［J］. 经济学家，2011（7）：12 – 20.

［49］李虹 . 包容性增长与绿色就业的发展［J］. 宏观经济管理，
2011（2）：51 – 52.

［50］李苏，尹海涛 . 我国各省份绿色经济发展指数测度与时空特征分
析：基于包容性绿色增长视角［J］. 生态经济，2020，36（9）：44 – 53.

［51］李素峰，杨蕾，冯鸿雁 . 绿色金融、环境规制与经济高质量发
展——基于京津冀协同发展战略对比分析［J］. 中央财经大学学报，
2024（3）：3 – 15.

［52］李唐蓉，林辉 . 区域绿色金融、空间溢出与经济高质量发展
［J］. 经济问题探索，2023（4）：157 – 174.

［53］李艳，赵田田，舒泰一 . 绿色金融与经济高质量发展耦合协调
的时空分异及响应［J］. 生态经济，2023，39（11）：94 – 100.

［54］李滟，周韩梅 . 绿色金融发展对产业结构转型升级的空间效应
及异质性研究——基于空间杜宾模型的解释［J］. 西南大学学报（自然
科学版），2023，45（3）：164 – 174.

［55］李烨 . 智慧城市建设能提高居民获得感吗——基于中国居民的异
质性分析［J］. 吉林大学社会科学学报，2019，59（6）：107 – 119，221.

［56］李玉梅，陈洋毅，刘璐，等 . 绿色金融与区域经济韧性影响机
理及空间关联性研究——基于空间杜宾模型的实证分析［J］. 林业经济，
2023，45（9）：39 – 58.

［57］林凯 . 绿色金融对区域经济高质量发展的空间溢出效应及传导
机制研究［D］. 济南：齐鲁工业大学，2024.

［58］林木西，肖宇博 . 绿色金融对经济高质量发展的影响——基于绿
色金融改革创新试验区的准自然实验［J］. 改革，2023（12）：78 – 94.

［59］林艳玲 . 我国区域经济协调发展探析［J］. 福州党校学报，
2023（6）：66 – 70.

［60］刘璐，王家瑶，张剑．中国碳金融、绿色信贷与绿色保险关联性研究——基于绿色金融体系内部协调性的视角［J］．财经论丛，2024（4）：46－59．

［61］刘娜，陈春生．基于绿色GDP的环保投资对经济发展的贡献研究［J］．大连理工大学学报（社会科学版），2015，36（1）：26－31．

［62］刘生霞．中国包容性绿色增长效率及影响因素研究［D］．沈阳：辽宁大学，2022．

［63］刘霞，何鹏．绿色金融在中部地区经济发展中的影响效应研究［J］．工业技术经济，2019，38（3）：76－84．

［64］刘莹．山东省绿色金融发展情况综合评价［J］．金融发展研究，2019（8）：18．

［65］刘占芳，肖春梅，杨膨宇．绿色金融对包容性增长的影响研究［J］．金融理论探索，2024（2）：71－80．

［66］龙海明，王雪雯，陈一心．数字普惠金融对包容性增长的影响：机制分析与实证检验［J］．财经理论与实践，2022，43（6）：2－9．

［67］吕铁，周叔莲．中国的产业结构升级与经济增长方式转变［J］．管理世界（双月刊），1999（1）：113－125．

［68］罗超平，张梓榆，王志章．金融发展与产业结构升级：长期均衡与短期动态关系［J］．中国软科学，2016（5）：21－29．

［69］孟科学，孙嘉伟．绿色金融、企业产能改善与共同富裕［J］．金融与经济，2024（5）：71－82．

［70］孟维福，刘婧涵．绿色金融促进经济高质量发展的效应与异质性分析——基于技术创新与产业结构升级视角［J］．经济纵横，2023（7）：100－110．

［71］宁译萱，钟希余．长江中游城市群绿色金融与绿色创新效率耦合协调的演变及驱动因素［J］．经济地理，2023，43（12）：48－57．

［72］潘雅茹，罗良文．廉洁度、基础设施投资与中国经济包容性经

济增长［J］．中南财经政法大学学报，2020．

［73］彭珊．基于金融功能视角的绿色金融发展研究［J］．金融与经济，2019（7）：92－96．

［74］彭伟．创新创业视角下数字金融对包容性增长的影响路径研究［D］．北京：中国传媒大学，2023．

［75］綦建红，马雯嘉，赵雨婷，等．全球绿色能源投资网络的演化特征与节点分析［J］．金融发展研究，201（4）：14－21．

［76］乔宇锋．包容性增长视角下支持低碳转型发展的货币政策研究［J］．改革与战略，2022，38（6）：109－119．

［77］任太增，殷志高．数字普惠金融与中国经济的包容性增长：理论分析和经验证据［J］．管理学刊，2022，35（1）：23－35．

［78］汝绪华．包容性增长：内涵、结构及功能［J］．学术界，2011（1）：13－20．

［79］沈少川，郭克莎．新时期我国加强宏观经济预期管理的思路［J］．经济纵横，2020（1）：59－64．

［80］盛斌，靳晨鑫．APEC经济体包容性增长：理念、评估与行动［J］．亚太经济，2020（5）：5－13，149．

［81］四川省金融学会课题组，梁勤星．我国绿色金融发展路径探索——以四川省为例［J］．西南金融，2018（4）：32－38．

［82］宋斌．中国经济增长质量的测度与区域比较研究——基于包容性增长视角的分析［J］．宏观质量研究，2013，1（3）：63－71．

［83］苏冬蔚，连莉莉．绿色信贷是否影响重污染企业的投融资行为？［J］．金融研究，2018（12）：123－137．

［84］苏剑．金融发展对经济增长的空间溢出效应研究［D］．合肥：安徽大学，2018．

［85］苏任刚，赵湘莲，程慧．绿色金融支持绿色产业发展的作用机理、路径分析［J］．财会月刊，2019（11）：153－158．

［86］孙英杰，林春．试论环境规制与中国经济增长质量提升——基于环境库兹涅茨倒 U 型曲线［J］．上海经济研究，2018（3）：84 – 94.

［87］孙玉环，张汀昱，王雪妮，等．中国数字普惠金融发展的现状、问题及前景［J］．数量经济技术经济研究，2021，38（2）：43 – 59.

［88］谭燕芝，彭积春．金融发展、产业结构升级与包容性增长——基于民生与发展视角的分析［J］．湖南师范大学社会科学学报，2019（1）：76 – 86.

［89］汤渌洋，鲁邦克，陈琦．数字普惠金融对经济包容性增长影响的空间溢出效应研究［J］．统计与决策，2024，40（5）：144 – 148.

［90］唐纯．长江经济带包容性增长测度及影响因素分析［D］．安徽：安徽大学，2019.

［91］唐红梅，赵军．数字普惠金融、产业结构与包容性增长［J］．当代经济科学，2022，44（6）：71 – 83.

［92］唐宇，龙云飞，郑志翔．数字普惠金融的包容性经济增长效应研究——基于中国西部 12 省的实证分析［J］．西南金融，2020（9）：60 – 73.

［93］田逸尘．长江经济带包容性绿色增长的测度评价及影响因素研究［D］．长沙：湖南科技大学，2021.

［94］王凤荣，王康仕．"绿色"政策与绿色金融配置效率——基于中国制造业上市公司的实证研究［J］．财经科学，2018（5）：1 – 14.

［95］王卉彤．点燃绿色发展的绿色金融［J］．中国报道，2016（11）：36 – 37.

［96］王军华．论金融业的"绿色革命"［J］．生态经济，2000（10）：45 – 48.

［97］王上铭．我国包容性经济增长的实证研究［J］．技术经济与管理研究，2016（9）：107 – 113.

［98］王薇，任保平．我国经济增长数量与质量阶段性特征：1978—2014 年［J］．改革，2015（8）：48 – 58.

［99］王遥．我国应对气候变化的融资策略［J］．中国流通经济，2013（6）：55－61．

［100］位华，李依禾．绿色金融视角下经济增长与环境质量关系研究［J］．山东社会科学，2023（3）：131－140．

［101］魏婕，任保平．中国经济增长包容性的测度：1978—2009［J］．中国工业经济，2011（12）：5－14．

［102］魏丽莉，杨颖．西北地区绿色金融与产业结构耦合协调发展的历史演进——基于新结构经济学的视角［J］．兰州大学学报（社会科学版），2019，47（5）：24－35．

［103］温忠林，叶宝娟．中介效应分析：方法和模型发展［J］．心理科学进展，2014，22（5）：731－745．

［104］吴成颂，昂昊．中国绿色金融效率时空分异及其提升路径［J］．资源科学，2022，44（12）：2456－2469．

［105］吴武林，周小亮．中国包容性绿色增长绩效评价体系的构建及应用［J］．中国管理科学，2019，27（9）：183－194．

［106］吴晓亮．我国绿色金融对绿色经济的支持研究［D］．南京：南京大学，2019．

［107］吴亦洲．绿色金融试点政策对城市包容性增长的影响效应研究［D］．南昌：江西财经大学，2023．

［108］向冬妮，蒋鑫．基于包容性绿色增长的滇中城市群经济发展研究［J］．昆明理工大学学报（社会科学版），2023，23（1）：96－103．

［109］肖春梅，马海碧．绿色金融对绿色发展的影响研究［J］．金融理论探索，2023（3）：16－25．

［110］肖黎明，于翠凤．中国绿色文旅融合发展的时空特征及影响因素分析［J］．生态经济，2021，37（8）：118－125．

［111］谢琳霄．黄河流域包容性绿色增长水平测度及差异分析［D］．济南：山东财经大学，2023．

［112］谢旭升，严思屏．绿色金融驱动经济高质量发展的空间溢出效应及路径机制研究［J］．武汉金融，2021（10）：22－34．

［113］熊邦娟．绿色金融发展对我国能源消费结构的影响研究［D］．重庆：重庆工商大学，2021．

［114］胥爱欢，杨苌苌．基于需求视角构建和完善绿色金融商业可持续激励机制研究［J］．西南金融，2019（6）：21－28．

［115］徐阿根．包容性增长的目标——共享成果和惠及民生［J］．农业经济，2011（11）：63－64．

［116］徐辉，刘继红，张大伟，等．中国经济增长中的环保投资贡献的实证分析［J］．统计与决策，2012（13）：126－129．

［117］徐伟．论中国城市化包容性发展战略［J］．甘肃社会科学，2013（5）：156－159．

［118］阎庆民．构建以"碳金融"为标志的绿色金融服务体系［J］．中国金融，2010（4）：41－44．

［119］杨博．自我控制和社会地位感知对自我欺骗的影响［D］．长沙：湖南师范大学，2017．

［120］杨雪星．包容性经济增长指数构建与实证研究——基于 G20 国家数据［J］．福建论坛（人文社会科学版），2014（6）：42－48．

［121］杨仪娟，彭鹏，何珊，等．四川省县域数字乡村发展水平的地域特征与影响因素［J］．湖南师范大学自然科学学报，2024，47（3）：92－101．

［122］叶文辉，龚灵枝．数字普惠金融与包容性增长：理论分析与展望［J］．经济问题，2023（12）：49－57．

［123］易晓娜．绿色金融对经济高质量发展的影响研究［D］．哈尔滨：黑龙江大学，2022．

［124］于敏，王小林．中国经济的包容性增长：测量与评价［J］．经济评论，2012（3）：30－38．

［125］于晓刚．中国银行业环境记录［M］．昆明：云南科技出版社，2010．

［126］于永达，郭沛源．金融业促进可持续发展的研究与实践［J］．环境保护，2003（12）：50－53．

［127］俞会新，黄晓敏．网络基础设施建设对包容性绿色增长的影响——基于"宽带中国"战略的准自然实验［J］．工业技术经济，2024，43（8）：129－138．

［128］袁敏菁．绿色金融对中国经济绿色增长的影响研究［D］．南京：南京信息工程大学，2022．

［129］曾学文，刘永强，满明俊，等．中国绿色金融发展程度的测度分析［J］．中国延安干部学院学报，2014（11）：112－121．

［130］湛泳，李国锋，陈思杰．智慧城市发展会提升居民幸福感吗？——基于中国健康与养老追踪调查数据的实证分析［J］．财经理论与实践，2024，45（3）：117－124．

［131］张春海．经济发展中金融杠杆的门槛效应与拐点效应——来自跨国面板数据的经验分析［J］．金融发展研究，2018（11）：33－39．

［132］张春海，杨彩涛，于惟．普惠金融发展促进区域经济包容性增长了吗？——来自全国2116个县域数据的经验分析［J］．金融经济，2022（11）：17－27．

［133］张铎，张沁，李富强．智慧城市建设对城市经济高质量发展的影响研究——基于城市面板数据的实证检验［J］．价格理论与实践，2024（1）：158－162．

［134］张弘．包容性金融发展、产业结构升级与贫困减缓——基于空间溢出与门槛效应的实证分析［J］．金融发展研究，2021（6）：57－64．

［135］张林，屈影．绿色金融发展与经济绿色转型：系统耦合及动态演进［J］．杭州师范大学学报（社会科学版），2024，46（2）：120－136．

［136］张舒瑾，余珮珩，白少云，等．面向国土空间规划的流域景观时

空分异特征及驱动因子研究［J］. 生态经济，2020，36（10）：219 – 227.

［137］张涛，李均超. 网络基础设施、包容性绿色增长与地区差距——基于双重机器学习的因果推断［J］. 数量经济技术经济研究，2023，40（4）：113 – 135.

［138］张勋，万广华，张佳佳，等. 数字经济、普惠金融与包容性增长［J］. 经济研究，2019，54（8）：71 – 86.

［139］张宇，钱水土. 绿色金融理论：一个文献综述［J］. 金融理论与实践，2017（9）：86 – 91.

［140］张玉梅，吴先明，高厚宾. 资源"集聚"与"辐射"视角下国际创新中心的成长机制研究——以粤港澳大湾区为例［J］. 中国工业经济，2022（11）：97 – 115.

［141］张云. 中国碳金融交易价格机制研究［D］. 长春：吉林大学，2015.

［142］张子豪，谭燕芝. 数字普惠金融与中国城乡收入差距——基于空间计量模型的实证分析［J］. 金融理论与实践，2018（6）：1 – 7.

［143］赵可，张炳信，张安录. 经济增长质量影响城市用地扩张的机理与实证［J］. 中国人口·资源与环境，2014（10）：76 – 84.

［144］郑长德. 中国少数民族地区包容性发展研究［J］. 西南民族大学学报（人文社会科学版），2011，32（6）：120 – 127.

［145］种照辉，位晓琳，覃成林. 智慧城市试点政策如何影响区域协同创新［J］. 公共管理与政策评论，2024，13（5）：26 – 45.

［146］周韩梅，黎涛瑞. 绿色金融、产业结构升级与区域经济高质量发展［J］. 当代金融研究，2021（Z2）：37 – 49.

［147］周小亮，吴武林. 中国包容性绿色增长的测度及分析［J］. 数量经济技术经济研究，2018，35（8）：3 – 20.

［148］朱金鹤，庞婉玉. 数字经济发展是否有助于提升城市包容性绿色增长水平——来自"国家智慧城市"试点的证据［J］. 贵州财经大

学学报，2023（4）：12 - 22.

[149] 庄巨忠. 包容性增长的政策含义及对中国构建和谐社会的启示 [J]. 金融博览，2010（11）：54 - 55.

[150] Abbas Jawad, Wang Lisu, Ben Belgacem Samira, Pawar Puja Sunil, Najam Hina, Abbas Jaffar. Investment in renewable energy and electricity output：Role of green finance, environmental tax, and geopolitical risk：Empirical evidence from China [J]. Energy, 2023, 269.

[151] Abhijit. Inclusive Growth for Sustainable Development in India [J]. European Journal of Social Sciences, 2011（24）：144.

[152] Albagoury S. Inclusive green growth in Africa：Ethiopia case study [R]. Germany：MPRA Working Paper, 2016.

[153] Ali. Inequality and the Imperative for Inclusive Growth in Asia [J]. Asian Devel - opment Review, 2007, 24（1）：1 - 16.

[154] Ali Zhuang. Inclusive Growth toward a Prosperous Asia：Policy Implications [R]. ERD Working Paper Series, 2007.

[155] Asian Development Bank. Strategy 2020 [R]. Asian Development Bank, Manila, 2008.

[156] Block J, Hu B, Leopold A. Inclusive green growth and sustainable finance through ecotax-a system dynamics model [C]. Proceeding of International Conference of the System Dynamics Society, 2013（7）：13 - 14.

[157] B. R K. Response to Leslie Hayduk's Review of Principles and Practice of Structural Equation Modeling, 4th Edition [J]. Canadian Studies in Population, 2018, 45（3 - 4）：188.

[158] Chatterjee. Poverty Reduction Strategies—Lessons from the Asian and Pacific Region on Inclusive Development [J]. Asian Development Review, 2005（1）：12 - 24.

[159] Dhingra R M. Inclusive green growth：A key to unlock multidi-

mensional problems [C]. New Delhi: Vivckan and a Law School, 2015.

[160] Dinda S. A theoretical basis for green growth [J]. Mpra Paper, 2013, 8 (2): 177 - 189.

[161] Graedel T E, Allen B R. Industrial Ecology [M]. Beijing: Tsinghua University, 2004.

[162] Griffth D. A. Spatial Autocorrelation and Spatial Filtering [M]. Berlin: Germany: Springer, 2003.

[163] Grosse, Harttgen, Klasen. Measuring Pro-poor Growth in Non-income Dimensi-ons [J]. World Development, 2008, 36 (6): 1021 - 1047.

[164] Higgins K, Prowse S. Trade, Growth and Poverty: Making Aid for Trade Work for Inclusive Growth and Poverty Reduction [R]. Overseas Development Institute Working Paper, 2012.

[165] Klasen S. Economic Growth and Poverty Reduction: Measurement Issues in Income and Non-income Dimensions [J]. World Development, 2008, 36 (3): 420 - 445.

[166] Li W, Hu M. An overview of the environmental finance policies in China: Retrofitting an integrated mechanism for environ-mental management [J]. Frontiers of Environmental Science & Engineering, 2014 (3): 316 - 328.

[167] Marcel Jeucken. Sustainable Finance and Banking: The Financial Sector and the Future of the Planet [M]. London: Earths Can Publications Ltd, 2001.

[168] McKinley T. Inclusive Growth Criteria and Indicators: An Inclusive Growth Index for Diagnosis of Country Progress [R]. ADB Sustainable Development Working Paper Series, 2010, 14.

[169] OECD. Trends in Environmental Finance in Eastern Europe [R]. Caucasus and Central Asia, 2007.

［170］ Oliver Schmid-Schönbein, Arthur Braunschweig E2 Management Consulting A-G. Switzerland Environmental Performance Indicators for the Financial ［Z］. 2000.

［171］ Rachel Kyte. Banking on Sustainability: Risk Management and Growth Opport-unities ［R］. Environment & Social Development Dept, 2008.

［172］ Rauniyar G, Kanbur R. Inclusive Growth and Inclusive Development: A Review and Synthesis of Asian Development Bank literature ［J］. Journal of the Asia Pacific Economy, 2010, 15 (4): 455 –469.

［173］ Sean de Cleene, Christina Wood. Sustainability Banking ［R］. IFC, 2004.

［174］ Slingerland S, Kessler J. J, Study on Public Private Partnerships for Contribution to Inclusive Green Growth ［R］. PBI Netherlands Environmental Assessment Agency, 2015: 637 –656.

［175］ Soundarrajan P, Vivek N. Green Finance for Sustainable Green Economic Growth in India ［J］. Agricultural Economics, 2016, 62 (1): 35 –44.

［176］ Stephan K. Measuring and Monitoring Inclusive Growth: Multiple Definition, Open Questions, and Some Constructive Proposals ［R］. ADB Sustainable Development Workin.

［177］ Street P, Monaghan P E. Assessing the Sustainability of Bank Service Channel-s: The Case of the Cooperative Bank ［J］. Sustainable Banking the Greening of Finance, 2001 (16): 72 –87.

［178］ Tan Junlan, Su Xiang, Wang Rong. The impact of natural resource dependence and green finance on green economic growth in the context of COP26 ［J］. Resources Policy, 2023, 81.

［179］ Wang X Y, Wang Q. Research on the Impact of Green Finance on the Upgrading of China's Regional Industrial. Structure from the Perspective of Sustainable Development ［J］. Resources Policy, 2021, 74: 102436.

［180］Zhou G Y，Liu C，Luo S M. Resource All ocation Effect of Green Credit Policy：Based on DID Model ［J］. Mathematics，2021，9（2）：159.

［181］Zhuang Juzhong. Inclusive Growth Toward a Harmonious Society in the People's Republic of China：Policy implications ［J］. Asian Development Review，2008（25）：22 − 23.